Rosalie Linner
Meine Zeit als Landhebamme

Rosalie Linner

Meine Zeit als Landhebamme

rosenheimer

© 2003 Rosenheimer Verlagshaus GmbH & Co. KG, Rosenheim

Titelfoto: Klaus G. Förg, Rosenheim
Satz: Buch-Werkstatt GmbH, Bad Aibling
Druck und Bindung: GGP Media, Pößneck
Printed in Germany

ISBN 3-475-53403-7

Inhalt

Ein Blick zurück

Viele Millionen Schritte bin ich im Laufe der rund vierzig Jahre meines Berufslebens gegangen, viele tausend Wege habe ich hinter mich gebracht. In der Anfangszeit, in den Jahren nach dem Zweiten Weltkrieg, noch zu Fuß oder per Fahrrad, erst später motorisiert mit meinem kleinen Lloyd, der mir viele Jahre ein treuer Freund und Begleiter war. Es gab Mühen und Plagen, eine Unsumme von Leid, Angst und Sorgen, von Aufregungen und schlaflosen Nächten, von Märschen durch Wind und Wetter, Regen und Schnee. Aber vor allem verdanke ich meiner Zeit als Landhebamme viel echte Freude und manche Sternstunde, Erlebnisse, die mein Leben reich und zufrieden machten.

Fremden Schmerz und fremdes Leid hatte eine Landhebamme zu teilen, zu lindern, mitzutragen. Die eigene Gesundheit musste man dabei oft hintanstellen. Ein überaus aufreibender, verantwortungsvoller, aber auch schöner Beruf! Man erfährt in ihm reine Freude durch das Bewusstsein, seine Pflicht treu und auf das Beste erfüllt zu haben, erhält oft rührende Beweise der Dankbarkeit, die allen Undank und alle Schuldzuweisungen aufwiegen, die man manchmal zu gewärtigen hat. Und in stillen Stunden empfand ich jedes neue Leben als ein Wunder, als ein Gottesgeschöpf, das uns ehrfürchtiges Staunen abverlangt.

Unerwarteter Kindersegen

Geschäftiges Treiben herrschte um den gut gehenden Betrieb, der am Ausgang des Ortes lag. Der Weg dorthin war von uralten Kastanienbäumen gesäumt, ein wunderschöner Anblick. Ein altes, einstmals kleines Geschäft war es, das der jetzige Besitzer zu erstaunlicher Blüte gebracht hatte. Die Steinbachs waren wohlhabende, angesehene Leute. Ihre vier Buben waren zu sympathischen jungen Menschen herangewachsen und gaben den Eltern Anlass zur Freude. Diesen Burschen, die Gesundheit und Lebensfreude ausstrahlten, begegnete man gerne. Es mochten schon sechzehn, siebzehn Jahre vergangen sein, seit ich Joachim, dem Ersten, zum Leben verholfen hatte. Dass der Vater seinen berechtigten Stolz über seine Söhne nicht immer ganz verbergen konnte, war gut verständlich.

Ganz unerwartet kam nach so vielen Jahren noch ein Mädchen zu den vier wohl geratenen Buben dazu; mit Erstaunen, aber hoch erfreut wurde es aufgenommen, war doch damit der sehnlichste Wunsch der Mutter in Erfüllung gegangen. »Es ist ein spätes Kind, wir haben nicht mehr damit gerechnet, aber es ist uns herzlich willkommen«, meinte die stolze Mutter Charlotte Steinbach zu mir, als ich es ihr in den Arm legte. Zur Freude seiner Eltern wuchs es zu einem besonders hübschen Mädchen heran. »Wir haben keine Wünsche mehr«, glaubte Frau Steinbach in ihrem Glück mir sagen zu können. Sie sagte dies aus vollem Herzen, denn ein gut gehendes Geschäft, gesunde, wohl geratene Kinder in einer überaus harmonischen Ehe, das war mehr, als man sich wünschen konnte. »Wir sind vom Herrgott besonders gesegnet«, fügte sie hinzu.

Ich wünschte so sehr, dass der Familie dieses Glück erhalten bleiben möchte.

Die Jahre vergingen. Bei Steinbachs hatte es inzwischen einige Veränderungen gegeben. Joachim, der Älteste, sollte in einigen Jahren den Betrieb seines Vaters übernehmen, und Christine, das späte Kind, bereitete sich auf ihre Hochzeit vor.

»Ja, wir werden älter«, stellte Charlotte Steinbach fest, »an den Kindern sieht man das am besten.«

Eine immer noch sehr schöne Frau war diese Dreiundfünfzigjährige. Wenn sich auch schon ein paar graue Strähnen durch ihr volles Haar zogen, so hatte sie doch nichts von ihrem Charme und ihrer Ausstrahlung eingebüßt.

Auf meine Frage nach ihrem Befinden wurde Frau Steinbach nachdenklich: »In letzter Zeit fühle ich mich gar nicht gut. Die Wechseljahre beuteln mich richtig durcheinander. Ist das immer so?«, erkundigte sie sich. Sie nannte mehrere Beschwerden, die nach meiner Erfahrung mit der hormonellen Umstellung in diesen Jahren wenig oder – wie ich meinte – nichts zu tun haben konnten. Meinen Rat, einen Arzt aufzusuchen, lehnte sie mit der Begründung ab, dass jede Frau diese Phase durchstehen müsse, ein Vorgang, den die Natur bestimme und der den Kindersegen beende. »Ich habe mit fünf Kindern meine Pflicht getan«, meinte sie lächelnd und fuhr fort »Auch diese Zeit mit ihren Beschwerden wird vorübergehen. Ich brauche keinen Arzt.«

»Aber vielleicht noch einmal eine Hebamme«, sagte ich leichthin.

Schallendes Gelächter, als hätte ich einen guten Witz erzählt, war die Reaktion meiner Gesprächspartnerin. Dieser Gedanke sei in ihrem Alter und auch sonst ... »Nein, völlig unmöglich«, behauptete Frau Steinbach.

Aber manchmal gibt es Dinge, die weder vorhersehbar noch erklärbar sind, die einen überfallen, schockieren und die man einfach annehmen muss, weil es keine andere Lösung gibt.

Nach einem langen Winter war es Frühling geworden. Der Kampf mit Schnee und Eis, Frost und Kälte, der zu meinem Berufsleben gehörte, war wieder einmal beendet. Wind und Sonne fegten die letzten Spuren des Winters von Wiesen und Feldern, Schneeglöckchen und Anemonen lugten neugierig am Waldrand hervor, die schönste Zeit des Jahres hatte begonnen. Von Frau Steinbach und ihren klimakterischen Beschwerden hatte ich schon lange nichts mehr gehört. Doch eines Nachmittags bat sie mich zu sich, um bei einer Tasse Kaffee mit mir über ihre Unpässlichkeiten zu sprechen, die sich wieder zurückgemeldet hatten. Sie eröffnete mir jetzt, dass es sich um Kindsbewegungen handle. »Ich spüre sie deutlich, auch wenn mir das alles völlig unverständlich ist. Wenn das bloß gut geht in meinem Alter«, fügte sie besorgt hinzu.

Reichlich ungewöhnlich, überlegte ich, mit dreiundfünfzig Jahren noch einmal Mutterpflichten zu übernehmen, wo doch die Rolle als Großmutter das Natürlichere wäre.

Während ich immer noch damit beschäftigt war, die überraschende Neuigkeit zu verarbeiten, sprach Frau Steinbach weiter: »Der Hausarzt hat mir diese späte Schwangerschaft bestätigt. Mich hat das wie ein Keulenhieb getroffen, ich habe zunächst nicht gewusst, was ich dazu sagen soll. Ich muss mich jetzt halt mit der Tatsache auseinander setzen, dass ich in einem außergewöhnlichen Alter noch einmal ein Kind haben werde.«

Sie hatte sich also bereits Klarheit verschafft. Die Zeit des Kindersegens war bei Frau Steinbach, wie zu sehen war, noch nicht beendet.

Ein Kind verlangte Aufnahme, auch wenn die Umstände dafür etwas ungewöhnlich waren. »Ich weiß nicht, soll ich lachen oder weinen?«, fragte mich die werdende Mutter etwas ratlos.

»Freuen Sie sich, wenn zu Ihren prächtigen Kindern, wenn auch verspätet, noch eines dazukommt. Sie werden es ganz besonders lieben, dieses Kleine, das so sehr auf Ihre Pflege und Zuneigung angewiesen ist.«

Frau Steinbach nickte stumm und hing eine Weile ihren Gedanken nach.

Dass bei Spätgebärenden die Wahrscheinlichkeit, ein behindertes Kind zu bekommen, erheblich größer ist, davon wusste man damals noch wenig. Aber man stufte eine solche Geburt als Risikogeburt ein, bei der besondere Gefahren für Mutter und Kind gegeben sind. Dr. Neumann, der Hausarzt, empfahl Frau Steinbach, zur Geburt ihres Kindes eine Fachklinik in München aufzusuchen, um unvorhersehbaren Schwierigkeiten vorzubeugen, die sich im Geburtsverlauf ergeben könnten. Seine Entscheidung war auch in meinem Sinne, denn ich war mir wohl bewusst, dass Komplikationen, die mir erhebliche Sorgen machen würden, nicht auszuschließen waren.

Monate vergingen, und mit jedem Tag rückte der Geburtstermin, der nicht genau errechnet werden konnte, immer näher. Dieses Warten zerrte an den Nerven. Wann würden die ersten Wehen kommen, wann würde das Kind so weit sein, dass es den Weg in sein eigenständiges Leben nahm?

Doch dann kam ganz unvorhergesehen der Tag, an dem dieser kleine Mensch plötzlich nicht mehr länger warten wollte, es so eilig hatte, dass er uns alle in arge Bedrängnis und Probleme stürzte. An eine Fahrt bis nach München war nicht mehr zu denken. Anscheinend wollte dieses Kind zu Hause geboren werden wie seine Geschwister auch, ohne Fachärzte und klinische Umgebung.

Die Wehen häuften sich, die Geburt befand sich schon in vorgerücktem Stadium, als ich am Kreißbett eintraf. Auch Doktor Neumann wurde benachrichtigt, er werde gleich da sein, versprach die Arzthelferin in seiner Praxis. Doch dann kam ein Schlag für mich, der mich völlig unerwartet traf und sehr verärgert hat. Doktor Neumann war nicht erreichbar, auch die anderen Ärzte in der Umgebung konnten nicht mehr so kurzfristig zu den Steinbachs kommen, und für einen Transport in das nächste Krankenhaus war es zu spät.

Mit Beklemmung und gemischten Gefühlen machte ich mich an die Arbeit. Ich hatte ja keine andere Wahl mehr. Doch dann fielen plötzlich aller Ärger und jede Sorge von mir ab. Ich wurde ganz ruhig und stellte mich ohne Angst meinen Pflichten. Es wird, es muss gut verlaufen, war mein einziger Gedanke. In Augenblicken, in Stunden des Müssens erwachsen einem Kräfte, die vieles möglich machen: eiserner Wille und eine verstärkte Konzentration.

War es nun wirklich der unbeugsame Wille einer werdenden Mutter und einer Hebamme, oder war es Hilfe von oben? Jedenfalls geschah das, was wir kaum zu hoffen gewagt hatten: Ohne ernsthafte Schwierigkeiten kam dieses Kind zur Welt, keine der erwarteten Komplikationen trat ein. Ein gesundes, munteres Mädchen tat seinen ersten Schrei. Es hatte seinen Weg ins Leben ohne medizinische Eingriffe auf ganz natürliche Weise genommen. Die Freudentränen der Eltern zeigten es deutlicher als alle Worte: Dieses späte Kind wurde mit ganz besonderer Freude und Liebe angenommen. Die Geburt der kleinen Eveline war eine Sternstunde in meinem Leben, ein Tag der Freude, den mir die Natur auf wunderbare Weise geschenkt hatte.

Zwei Hebammen zu viel

Einige hundert Meter vor dem Dorf Kraxenberg kommt man an eine Abzweigung. Während ein Weg in den Ort und weiter auf die Hauptstraße führt, schlängelt sich der andere als schmaler Pfad hinauf zu dem kleinen, schiefen Häusl, das wie ein Schwalbennest am Hang klebt und als menschliche Behausung kaum zu erkennen ist. Dort lebte früher die Keller-Zenz mit ihrem Ehemann in größter Bescheidenheit ihr einfaches Leben. »Die zwei passen gut zusammen«, so sagten die Leute, »und so einfach wie ihr Leben ist auch ihr Verstand.« Die beiden hatten sich also gegenseitig nichts vorzuwerfen, und der eheliche Alltag verlief deshalb in ausgewogener, zufriedener Harmonie. Aus meiner Erfahrung weiß ich, dass Menschen mit bescheidenen Geistesgaben sehr dankbar und umgänglich sein können, wenn man sich ihnen gegenüber anständig verhält. Die ihnen eigene Dankbarkeit äußern sie aber meist nicht in Worten, sondern in Blicken und Gesten.

Eines Tages trug mir eine Dorfbewohnerin auf, ich solle zur Zenz kommen, die ihr erstes Kind erwartete. Diese wolle mit mir über Verschiedenes sprechen. »Kannst dir du vorstellen, was die mit dir reden möcht?«, fügte die Hauser-Gretl verständnislos hinzu. »Wo sie noch gar keine Wehen hat, wie sie mir gesagt hat.«

Etwas ungewöhnlich erschien auch mir diese Mitteilung, denn im Allgemeinen war es üblich, dass ich bei Beschwerden geholt wurde, nicht aber, um ein Gespräch zu führen. Überdies stotterte die Zenz und litt an ausgeprägter Konzentrationsschwäche, weshalb ihr normalerweise jedes Wort zuwider war, das sie mit anderen wechseln sollte. Angesichts dessen befürchtete ich, dass unser Gespräch ziemlich fruchtlos sein würde.

Trotzdem stieg ich hinauf ins Schwalbennest, um mit der Zenz ihre Fragen zu klären. Auf ein kaum hörbares »Herein« betrat ich das Häusl. Die sinkende Abendsonne erleuchtete hell die bescheidene Stube.

Auf die allgemeinen Fragen meinerseits antwortete die Zenz mit Ja oder Nein, oft auch einfach nur mit einem Achselzucken, das bedeuten sollte, dass sie nicht antworten konnte oder wollte. Ein solches Achselzucken war auch ihre Reaktion auf meine Frage nach ihrem Allgemeinbefinden, besonders nach dem Geburtstermin. Mir war nicht so ganz klar, was das nun heißen sollte.

Dann plötzlich tat die Zenz einen tiefen Atemzug, straffte kurz ihren Körper – und ich hörte, es war fast nicht zu glauben, den ersten zusammenhängenden Satz von ihr: »Fällt mir gar nicht ein, dass ich dir alles verzähl. Du bist mir viel zu neugierig, und neugierige Leut, die mag ich net, nein, die mag ich durchaus net.«

Wenn sie am Schluss auch wieder in Stottern verfiel, so war doch die Aussage eindeutig.

Sollte ich mich über ihren primitiven Vorwurf ärgern oder darüber lachen? Es widerstrebte mir, darauf zu antworten, denn meine Fragen waren eine absolute Notwendigkeit, wenn ich bei der Zenz, wie ich voraussetzte, Geburtshilfe leisten sollte.

Mit gemischten Gefühlen, unangenehm berührt von den unerfreulichen Äußerungen der Zenz, trat ich den Heimweg an. Damals wusste ich noch nicht, was im Inneren dieser werdenden Mutter vorging. Erst später fand ich einen Zugang zu ihrer sonderbaren Gedankenwelt und musste feststellen, dass mir zu einem Verständnis der menschlichen Seele noch einiges fehlte. Jedenfalls brauchte es noch etwas Zeit, bis mir klar wurde, warum mich die Zenz herbeizitiert hatte: Sie wollte keine fachlichen Gespräche, zu denen auch Fragen gehörten, vielmehr wollte sie mich kennen lernen, meine Art, mit Menschen umzugehen, testen. Die beruflichen Fähigkeiten interessierten sie dabei nicht.

Wochen vergingen. Von der Zenz hörte ich vorerst nichts mehr. Auf Grund meiner vermeintlichen Neugier war ich bei ihr abgeschrieben; es wurde über eine andere Hebamme nachgedacht. Aber auch diese Kollegin hatte, wie ich später erfuhr, nicht die gewünschte Überzeugungskraft, und so wurde eine dritte herbeigeholt. Felix, der arme Ehemann, stöhnte über das eigenwillige Verhalten seiner Frau und beschwerte sich: »Wie viel Hebammen wird sie noch herzerren, mein Weib, keine passt ihr, a jede hat andere Mucken. Wo soll des nur hinführen, zum Schluss kommt gar keine mehr.« Es stellte sich die Frage, wie eine Hebamme beschaffen hätte sein müssen, damit sie es verdiente, dem Kind der Zenz auf die Welt zu helfen.

Nun begannen hektische Tage und Wochen, ruhelose Nächte. Wie oft musste mich Felix, der bedauernswerte Ehemann, aus dem Schlaf klingeln! Ich habe es längst nicht mehr gezählt. Dabei waren wir mittlerweile drei Kolleginnen, von denen jede glaubte, sie sei für die Beschwerden der Zenz – soweit man von wirklichen Beschwerden überhaupt sprechen konnte – allein zuständig. Aber die nächtlichen Hilferufe galten schon bald nur noch mir, weil ich als zuständige und nächsterreichbare Hebamme auch zu Fuß geholt werden konnte. Der Dorfwirt als stolzer Besitzer eines Telefons – damals noch eine Rarität – schimpfte, als er der Besuche des Keller-Felix zu oft unchristlicher Zeit überdrüssig wurde, »weil eh a Hebamm am Ort ist«, wie er sagte.

Durch einen Zufall erfuhr ich dann die Wahrheit über das eigenwillige Verhalten der Zenz hinsichtlich der Wahl ihrer Hebamme: Die werdende Mutter wollte oder konnte sich für keine von uns dreien entscheiden, und so wurden wir reihum mit Beschlag belegt. Drei pflichtbewusste Frauen wurden über einen längeren Zeitraum auf Trab gehalten, mussten jedem Hilferuf nachkommen. Dabei artete die Besorgnis der Zenz um ihr ungeborenes Kind schon beinahe in Hysterie aus. In ihrer Engstirnigkeit verstand sie nicht, dass auch Hebammen ein gewisses Schlafbedürfnis haben können und dass man sie vielleicht doch nicht unnötig über Gebühr strapazieren sollte. Meine Vorhaltungen, die ich ihr eines Tages wegen der grundlosen nächtlichen Besuche machte, müssen die Zenz etwas zum Nachdenken gebracht haben, denn nach diesem Gespräch war es mit den Hilferufen aus dem Schwalbennest zunächst wieder vorbei. Die Zenz hatte sich für die Kollegin entschieden, die den weitesten Weg zu ihr zurückzulegen hatte.

Wieder vergingen Wochen. Der Winter kam mit Frost und gewaltigen Schneemassen. Wenn ich nachts zu jemandem geholt wurde, war der Weg mühsam und beschwerlich und bedeutete oft höchste körperliche Anstrengung. Das Schwalbennest oben am Hang war eingeschneit, und wie es schien, hatte sich die Zenz in ihr Schicksal ergeben. Es wurde still um sie.

Dann kam eine Winternacht, die bis heute in meiner Erinnerung lebendig geblieben ist und die ich wohl auch nie vergessen werde. Das Schneegestöber draußen und der schaurig heulende Wind, der so an Fenstern und Türen rüttelte, dass die Angst in einem hochkroch, schufen eine Stimmung, als wollte die Welt untergehen. Durch den wütenden Sturm verhallte das erste Klingeln an meiner Haustüre. Verzweifelt wurde immer wieder auf den Knopf gedrückt, gnadenlos, unbarmherzig wollte man sich Gehör verschaffen bei diesem alles übertönenden Toben. Fassungslos beobachtete ich durch das Fenster die treibende, stürmische Gewalt der Natur. Schnell öffnete ich die Tür, die mir der Wind sofort aus der Hand riss, und bat den Besucher herein. Zum Schutz vor Kälte und Sturm hatte er sich so eingemummt, dass von seinem Gesicht nur noch die Nasenspitze zu sehen war. Um wen es sich handelte, erkannte ich deswegen erst, als mir die schneebedeckte Gestalt atemlos erklärte: »Um aller Heiligen willen möcht ich dich bitten, hilf der Zenz, sie stirbt, wenn du net kommst. Es geht ihr schlecht, ganz, ganz miserabel schlecht.« Und um die Wichtigkeit seines Auftrages zu betonen, bat der Felix noch einmal eindringlich: »Du kannst sie doch net sterbn lassn da oben.«

Die Zenz, ging es mir durch den Kopf, die mich zur Geburt ihres Kindes nicht haben hat wollen, weil ich sie mit neugierigen Fragen überfordert habe, erbittet in dieser stürmischen Nacht meine Hilfe. Es bestand kein Zweifel, dass sie sich in höchster Not befand. Ich musste und ich wollte ihr, trotz des tosenden Wütens draußen, helfen, ihr Kind zur Welt zu bringen.

Ein eisiger Sturm peitschte in mein Gesicht, ich glaubte, ihn wie Nadelstiche zu spüren, als ich die ersten Schritte ins Freie tat. Die Spuren, die Felix auf dem Herweg im Schnee hinterlassen hatte, waren schon wieder zugeweht, wir mussten uns den Weg zur Höhe hinauf mühsam durch kniehohe Schneemassen bahnen. Schwer atmend versuchte ich in den Fußstapfen des vor mir gehenden Mannes zu bleiben, um ein wenig Erleichterung bei diesem Kraft raubenden Marsch zu finden, der kein Ende zu nehmen schien. Es war mir, als sei das Schwabennest am Ende der Welt gelegen. Bald spürte ich, dass es mir zu anstrengend wurde, in der Spur der weit ausholenden Männerschritte zu waten, und bahnte mir wieder meinen eigenen Weg. Der eisige Sturmwind steigerte sich mit zunehmender Höhe, sodass wir, vorrangig ich, am Ende unserer Kräfte waren, als wir das einsame Haus erreichten.

Mit starren Händen und Füßen, völlig erschöpft und, wie ich glaubte, einer absoluten Leere im Gehirn öffnete ich die Tür, aus der uns die angstvollen Schreie der Zenz entgegenschlugen. Der Anblick der am Fußboden sitzenden schreienden, verzweifelten Frau brachte mein Denken wieder in Gang. Ich wusste, dass eine regelwidrige Lage des Kindes zu Schwierigkeiten führen konnte und erhöhte Aufmerksamkeit erforderte, und mobilisierte meine letzten noch vorhandenen Kräfte, um mich mit klaren Gedanken meiner Arbeit stellen zu können.

In den angstvollen Augen der Zenz standen aller Schmerz und alle Unsicherheit, die sie die letzten Stunden durchgemacht hatte. »Nix für ungut«, waren die ersten Worte, die sie zu sprechen im Stande war. Bei uns ist diese Wendung ein üblicher Ausdruck der Entschuldigung.

»Für was?«, fragte ich zurück, als wir die Zenz in ihr Bett brachten.

»Du weißt es eh«, sagte sie leise.

»Nein, ich weiß es nicht, das muss ich vergessen haben«, gab ich ihr zur Antwort. Hier und jetzt war nicht der rechte Moment, um über vergangene, unnütze Dinge zu sprechen, es gab Wichtigeres zu tun. Nun hieß es, aufeinander zuzugehen und sich miteinander um einen guten Verlauf der Geburt dieses Kindes zu bemühen, alles andere war zweitrangig.

Der werdenden Mutter war es anzusehen, dass sie sich nach all den Ängsten dieser Nacht in meinen Händen gut aufgehoben fühlte – trotz der Neugier, die mich damals angeblich plagte. Es entstand schnell ein gutes Einvernehmen zwischen uns beiden, eine Heil bringende Zusammenarbeit, die die Geburt trotz der Schwierigkeiten gut verlaufen ließ. Die Kratzer an meinen Armen, welche von der Not und der Angst der Zenz zeugten, sollten mich noch lange an das Schwalbennest und die damit verbundenen Strapazen erinnern.

Trotz der ungewöhnlichen, widrigen Umstände war die Geburt ohne gefährliche Komplikationen zu Ende gegangen. Mit leuchtenden Augen bestaunte das Elternpaar das zappelnde, schreiende kleine Mädchen, welches das Schwalbennest um einen Bewohner vermehrt hatte und dem die Bedürftigkeit und der niedrige soziale Status seiner Eltern vorerst noch gleichgültig waren.

Doch bald sollte es eng werden da oben am Berg, denn es kamen noch vier weitere Kinder dazu, die alle ihr Recht forderten. Auch bei diesen leistete ich Geburtshilfe, weil die Zenz sich damit abgefunden hatte, dass sich über das berufliche Können ihrer drei Hebammen streiten ließ.

Das Wachsen und Gedeihen »meiner« Kinder bekam ich in unserem ländlichen Gebiet, wo die Zahl der Einwohner überschaubar war und jeder jeden kannte, fast zwangsläufig mit. Auch ihre spätere Entwicklung und häufig den weiteren Lebensweg konnte ich verfolgen, oft mit Freude, gelegentlich auch mit Trauer oder Befremden. Maria-Therese, die Erstgeborene auf dem Schwalbennest, nahm keinen guten Weg in ihr Leben. Sie blieb auf der Strecke. Die Eltern sahen die Entwicklung ihrer heranwachsenden ältesten Tochter mit Missfallen. Aber davon werde ich später berichten.

Das Mädchen mit der kleinen Tante

Mit der Familie Steinbach blieb ich auch in den folgenden Jahren in engem Kontakt. Es gäbe über meine Erlebnisse mit diesen freundlichen, aufgeschlossenen Menschen noch viel zu erzählen. Besonders lebhaft in Erinnerung geblieben ist mir aber die Geburt von Isabella.

Christine Steinbach, von der man seinerzeit fälschlich geglaubt hatte, mit ihr würde der Kindersegen der Familie zu Ende gehen, hatte einen Anwalt geheiratet und erwartete nun ihr erstes Kind, zu dessen Geburt ich an einem Ostersonntag gerufen wurde. Zu diesem Ereignis wurde auch Mutter Charlotte Steinbach in das Haus geholt. Sie sollte alle Vorbereitungen, soweit dies noch nicht geschehen war, treffen, vor allem aber war ihr mütterlicher Beistand gefragt. Diese Frau wusste aus eigener Erfahrung, was es in solchen Stunden zu sagen und zu tun gab.

Die kleine Eveline Steinbach, bei deren Geburt wir alle in solcher Sorge gewesen waren, war noch nicht viel älter als ein Jahr, und nun wartete die große Schwester auf ihr frohes Ereignis, das die kleine zukünftige Tante noch nicht verstehen konnte. Ein aufgewecktes, gesundes Kind ruderte, mit beiden Armen mühsam die Balance haltend, durch den Raum auf die Mutter zu, die es liebevoll auffing und in ihre Arme nahm.

»Die kleine Tante«, redete Christine, die werdende Mutter, das Mädchen verschmitzt an. »Erst später wirst du verstehen, dass wir zwei eine gemeinsame Mama haben, dass wir Geschwister sind und dass mein Kind, obwohl es fast gleich alt ist wie du, deine Nichte ist. Ein wenig kompliziert, diese Verwandtschaftsbeziehung.«

Christine ließ mich, noch in Unkenntnis der verschiedenen Phasen einer Geburt, schon bei den ersten Wehen holen. Sie wunderte sich, dass die Geburt ihres Kindes sich so lange hinziehe trotz der ständigen massiven Wehen, die sie – wie sie meinte – so plagten. Der werdende Vater hatte schon jetzt ersichtliche Mühe, Haltung zu bewahren, wenn er gelegentlich zur Tür hereinkam, um seiner Frau mit ein paar Worten Zuspruch zu geben. »Du verunsicherst die Christine doch bloß«, belehrte ihn die angehende Großmutter. »Geh lieber zu deinen Akten, da bist du besser aufgehoben.« Ich hatte den Eindruck, dass der werdende Vater dieser Aufforderung sehr gerne nachkam.

Es wurde Abend, ohne dass sich im Geburtsverlauf etwas Grundlegendes ereignet hätte. Wir bereiteten uns für die Nacht vor. Christine beschäftigte vor allem die Frage: Würde ihr Mann sich aufraffen, bei ihr zu sein, wenn das Kind kam? Würde er dies können oder wollen? Noch hatte sie daran Zweifel, berechtigte Zweifel, wie man sehen konnte.

Die Frage, ob der Vater anwesend sein oder dem Geschehen fernbleiben solle, sorgte bei vielen Paaren, die das nicht vorher gemeinsam besprochen und entschieden hatten, in der Phase unmittelbar vor der Geburt für Zündstoff. Der Beistand des Partners ist in dieser Stunde für die Gebärende fast immer eine willkommene seelische Hilfe, die sehr von Nutzen sein kann, wenn sie nicht aus egoistischen Gründen erzwungen wird. Frauen, die in diesen Stunden mit mir allein sein wollten, waren die Ausnahme. Aber ich erlebte immer wieder

Männer, die aus Angst, aus Hilflosigkeit oder auch aus ästhetischen Gründen, gelegentlich sogar aus Teilnahmslosigkeit, eine Anwesenheit ablehnten. Solches Verhalten musste akzeptiert werden, auch wenn mir das manchmal sehr schwer fiel.

Nur langsam machte die Geburt Fortschritte. Auch in angenehmer Umgebung und unter netten Menschen ermüdete solches Warten. Gerade nachts, wenn man zur Untätigkeit verurteilt war und die Stille nur vom wiederholten Stöhnen der Kreißenden unterbrochen wurde. Christines Ehemann, der am frühen Abend wieder aufgetaucht war, und Charlotte Steinbach gähnten abwechselnd verstohlen. Sie waren ebenso wie ich zum Warten verurteilt und litten zunehmend unter der erzwungenen Schlaflosigkeit, sodass ich sie schließlich aufforderte, sich vorerst hinzulegen.

Nun war ich mit Christine allein. Das Gespräch drehte sich um die Geburt – ein unerschöpfliches Thema. »Warum dauert das bei mir so lange?«

Das war eine Frage, auf die auch ich keine konkrete Antwort geben konnte. Dieses Kind ließ sich eben Zeit auf seinem Weg in die Welt. Trotzdem würde der Geburtsvorgang normal verlaufen. Jedenfalls so weit man das vorhersagen könne, denn Komplikationen von Seiten der Mutter sowie des Kindes seien nie mit absoluter Sicherheit auszuschließen. Ein gewisses Risiko bleibe immer.

Stunde um Stunde verging. Im Osten graute schon der Morgen des kommenden Tages, und wir übten uns immer noch in Geduld und hofften, dass es bald so weit sein möge. Mittlerweile wusste ich, dass das Kind eine sehr ungünstige Lage einnahm, die im Allgemeinen eine längere Wartezeit erforderte und bei der das Kind mit dem Gesicht voran kommt – weshalb dieses erheblich in Mitleidenschaft gezogen wird. Wie würden die Mutter, aber auch der Vater und die Angehörigen diesen Anblick aufnehmen? Ich war in Sorge, weil ich den Schock und das Entsetzen der Mütter in solchen Fällen aus Erfahrung kannte. Meist entstehen bei dieser Konstellation zwar nur oberflächliche Verletzungen, die manchmal schon nach einer Woche abgeheilt sind. Trotzdem bedeutet es für die Gebärende eine bittere Enttäuschung, nach langen Stunden der Schmerzen ein entstelltes Kind annehmen zu müssen. Es wird in Zweifel gezogen, ob die Hebamme auch die Wahrheit sagt, wenn sie behauptet, es handle sich um keine bleibende Schädigung. Denn ein durch einen anomalen Geburtsverlauf hautgeschädigtes Kind ist ein Anblick zum Erbarmen. Sieht man die zerdrückte Nase, die aufgeworfenen, leicht blutenden Lippen, die abgeschürften Augenlider und das blutunterlaufene Gesicht, kann man die Befürchtungen der Mütter verstehen.

Gegen Mittag des Ostermontags, nach fünfundzwanzig Stunden Geburtsdauer, kam das zermarterte kleine Wesen zur Welt. Ich hatte Christine schon vorher auf das Unvermeidliche vorbereitet, das mit keinem Mittel zu beeinflussen ist. Nicht nur die Mutter leide bei der Geburt eines solchen Kindes unter den vermehrten, lang andauernden Wehen, noch viel mehr leide das Kind selbst, das sich unter äußerst schwierigen Bedingungen den Weg in sein Leben erkämpfen müsse.

Ich hätte gewünscht, ich könnte dieser Mutter und ihrer Familie den Anblick des zerschundenen Gesichtes ihres Kindes ersparen.

Dann war es da. Gezeichnet von den Spuren des strapaziösen und schmerzhaften Weges, übersät mit blauroten Blutergüssen, die die Hautfarbe des Kindes nicht mehr erkennen ließen. Armes kleines Mädchen, was hast du erleiden müssen! Es war ein kurzer Schrei, der das Leben dieses Kindes anklingen ließ. Dann kam nur ein leichtes Wimmern, ein kurzes Zwinkern mit den abgeschürften Augenlidern. Voll Mitleid betrachtete ich das kleine Wesen, das einen jammervollen Anblick bot.

Dann stand ich, nicht zum ersten Mal, vor der immer wieder schwierigen Frage: Sollte ich jetzt, in dieser Stunde, in der das Ausmaß der Verletzungen noch voll und ganz sichtbar war, der Mutter das Kind zeigen, es ihr in den Arm legen? Ich gestattete zunächst Charlotte Steinbach einen kurzen Blick auf das Neugeborene. Sie wich stumm, entsetzt zurück. Obwohl ich auch die Familie auf die kommende Situation vorbereitet und allen erklärt hatte, dass die oberflächlichen Wunden sehr bald abheilen würden und das Kind ansonsten gesund sei – trotzdem zeigte die jetzige Großmutter deutliche Anzeichen des Erschreckens.

Wir kamen schließlich überein, dass die junge Mutter ihr Kind erst am nächsten Tag sehen sollte, wenn die ersten, schlimmsten Stunden vorbei wären. Mutter Steinbach würde sich vorerst um die Kleine kümmern und für alles Weitere sorgen. Ich erklärte noch kurz, dass das Trinken etwas Schwierigkeiten machen werde, weil auf Grund der starken Schwellung der Lippen der Saugreflex eingeschränkt sei, und man das Kind mit äußerster Vorsicht anfassen müsse; durch gute Pflege würden sich aber die Folgen der Verletzungen rasch bessern. Mit dieser Regelung waren alle einverstanden. Wir hatten, so meine ich, eine gute Entscheidung getroffen.

Es war schon später Nachmittag, als ich an diesem Ostermontag nach Hause kam. Solche Erlebnisse hinterlassen immer einen besonderen Eindruck. Letztlich war aber auch diese Geburt trotz der anomalen Lage des Kindes gut verlaufen. Eine gesunde Mutter und ein im Wesentlichen ebenfalls gesundes Kind verpflichten immer zu Dank.

Isabella erholte sich rasch von ihren Geburtsverletzungen, von denen bald nichts mehr zu sehen war. Eveline Steinbach, die kleine Tante, und ihre Nichte Isabella wuchsen zu zwei besonders hübschen Mädchen heran. Außenstehende, die sie später für Schwestern hielten, korrigierte die ein wenig vorlaute Isabella mit den Worten: »Das ist meine kleine Tante und nicht meine Schwester.«

»Ja, Ordnung muss sein«, meinte Mutter Steinbach, »bei diesem ungewöhnlichen Verwandtschaftsverhältnis.«

Tauferlebnisse

Kuriositäten in meinem Berufsleben gab es mehr, als man annehmen möchte. Selbst die Feier einer Taufe war häufig Anlass zum Staunen oder auch zum Schmunzeln. Gelegentlich gab es aber auch dabei Ärger.

Auf dem Maierhof war der ersehnte Stammhalter auf die Welt gekommen. Als Zeichen der Freude über die Geburt des künftigen Hoferben wurde die ganze große Verwandtschaft zu seiner Taufe eingeladen. Ein Fest sollte es werden, über das man noch lange reden würde. Das Taufkleid, das schon seit Generationen bei allen Taufen auf dem Maierhof getragen wurde, lag bereit. Dieses stets in Ehren gehaltene Erbstück wurde wieder in Form gebracht und von der Störnäherin – damals gab es noch Frauen, die davon lebten, von Hof zu Hof zu ziehen und Kleidung auszubessern – mit mehreren Reihen Spitzen verschönert. Das galt zu dieser Zeit als der letzte Schrei, und man wollte trotz aller Traditionsverbundenheit auf diesen modischen Effekt nicht verzichten. Das Taufessen beim Dorfwirt sollte den Wohlstand des Hauses demonstrieren, man wollte zeigen, wer man war und was man hatte. Die Feier bot eine günstige Gelegenheit dafür. Aber vorher mussten einige unvorhergesehene Schwierigkeiten aus dem Weg geräumt werden.

Schön lag er da, der kleine Hoferbe in seinem spitzenverzierten Taufkleid, und die Bewunderung der Anverwandten galt fast mehr dem kostbaren Kleid als dem

Täufling, der satt und zufrieden die Ruhelosigkeit seiner Umgebung verschlief. Da stürzte plötzlich Bartl, der Knecht, ganz aufgeregt in die Stube mit den Worten: »Bauer, es pressiert, ich glaub, die Sau verreckt, und diese Hitz heut.«

Die Blicke gingen von einem zum anderen, teils mit deutlicher Verärgerung, teils voll Mitgefühl angesichts der Unannehmlichkeiten, die sich offenbar anbahnten. Ich spürte förmlich das Unbehagen der Gäste, die den ungestörten Ablauf dieser besonderen, einmaligen Taufe auf das Höchste gefährdet sahen. Die Aufregung steigerte sich, als es hieß: »Das Tier ist nicht mehr zu retten, eine Notschlachtung muss dringend gemacht werden« – ausgerechnet in dem Moment, als es Zeit zum Kirchgang wurde. Eine gespannte Stille herrschte in der Runde der Taufgäste, die für so viel Missgeschick plötzlich keine Worte mehr fanden.

Aber bald rückte ein zweites Problem in den Vordergrund. Die Zeit drängte, und so nestelte der Kindsvater voll Ungeduld an den Knöpfen seines neuen Hemdes – so lange, bis der oberste Knopf abriss und ein zweites Hemd herangeschafft werden musste. Aber auch dessen Knöpfe hielten den kräftigen Händen seines Besitzers nicht stand. Als auch noch ein drittes Hemd dran glauben musste und sich herausstellte, dass ein viertes schon mit einem fehlenden Knopf im Wäscheschrank gelandet war, platzte der Niedereggerin, die die Taufpatin des Kleinen war, der Kragen: »Du mit deine Pratzn! Du hast keine Händ', du hast ja Pratzn«, wiederholte sie verärgert, »und damit machst du alles hin!«

»Ja mei, ein Unglück kommt nie allein«, antwortete lakonisch der vom Pech verfolgte Kindsvater.

Der Tauftermin konnte bei so viel unvorhergesehenem Schlamassel nicht mehr eingehalten werden. »Was wird der Herr Pfarrer sagen und der Messner erst, der eh nie Zeit hat. Zu einer Tauf zu spät kommen, des hat's ja noch nie gebn«, jammerte die Patin.

Die Taufe wurde aber dann doch – wenn auch verspätet – vollzogen. Der Herr Pfarrer hatte Verständnis für unsere Nöte und meinte: »Na ja, außer der toten Sau ist ja nix passiert.« Man war zufrieden, dass die Taufe doch noch ein relativ gutes Ende gefunden hatte – so glaubte man wenigstens. Stolz und zufrieden hörte ich den Kindsvater die Einladung zum Taufmahl an den geistlichen Herrn aussprechen: »Herr Pfarrer, geben Sie uns die Ehr, das Kindlmahl ist beim Dorfwirt« – und zum Messner gewandt: »Und du kimmst aa!« Die letztere Einladung war nicht so formell, aber eine Zusage war dem Maierhofer trotz der Zeitnot des Messners sicher.

Doch wer kennt schon die Tücken des Schicksals? Dieser Tag war voll davon. Wir waren uns auf der Heimfahrt einig, dass doch alles noch halbwegs gut gegangen war, was sollte jetzt noch passieren? Schon hielt unser Wagen vor dem Maierhof. Die Taufpatin stieg aus – und fiel mit einem Schmerzenslaut der Länge nach hin. »Ja, gibt's denn so was auch«, hörte ich sie schimpfen, »sind wir heut direkt vom Schicksal verfolgt?« Immerhin, der verstauchte schmerzhafte Knöchel der Niedereggerin und die abgebrochene Taufkerze, die nur noch der Docht zusammenhielt, waren die letzten tragischen Ereignisse dieses Tages.

Einer ließ sich von dem ganzen Trubel anscheinend nicht beeindrucken: der Großvater. Lakonisch fragte er seinen Sohn, den Kindsvater: »Wie heißt er denn dann, der Bub?«

»Was für eine Frag«, antwortete dieser, »Jakob halt, wie du und ich und wie alle Maierhofbauern.«

Bei einer anderen Tauffeier ereigneten sich ebenfalls kuriose Dinge. Es war ein heißer Julitag, als wir die kleine Veronika vom Schusterbauern in Brandberg zur Taufe in die Pfarrkirche trugen. Ein besonders schönes Gotteshaus ist diese Klosterkirche. Kenner sprechen von einem Juwel.

Angenehme Kühle schlug uns entgegen, als wir das geweihte Haus betraten. Die Stille und Ruhe im Kirchenschiff legten sich wohltuend auf Körper und Seele. Wir hatten noch etwas Zeit, die Fresken an der Decke und den Wänden zu betrachten. Die brennende Osterkerze, die bei jedem Luftzug ein wenig flackerte, unterstrich die Feierlichkeit der sakralen Handlung. Selbst die größeren Geschwister des Täuflings verhielten sich still und sittsam, um die Beschaulichkeit und den Frieden des Raumes nicht zu stören. Über allem lag ein Hauch des Überirdischen, des Mystischen, und niemand störte diese Ruhe.

Während Pater Emmerich, ein weiser, schon ergrauter Gottesmann, das Kind taufte, musste ich immerzu den herrlichen Teppich vor dem Altar betrachten. Ich hatte ihn in dieser Kirche noch nie gesehen. Vermutlich war er vor noch nicht allzu langer Zeit hier ausgelegt worden. Das schöne Stück, kostbar verarbeitet und in dezenten Farben, schien für diese Umgebung wie geschaffen. Ich muss gestehen, dass meine Aufmerksamkeit mehr dem Teppich als dem feierlichen Taufakt galt. Immer wieder, wie unter Zwang, wanderte mein Blick hin zu dieser Kostbarkeit, ein zusätzliches Schmuckstück dieses Gotteshauses.

Doch genau dieses Prachtexemplar sollte an jenem Tag der Auslöser für einige Aufregung sein. Das Quietschen der Kirchentür unterbrach plötzlich die Stille.

Ein verspäteter Taufgast kam herein und nahm vorerst in einer der Kirchenbänke Platz: eine Frau in bescheidener, einfacher Kleidung eines längst veralteten Modestils. Ein Blickfang war allerdings der knallrote Hut, mit dem sie in ständigem Kampf lag, weil er offenbar für sie ungewohnt war. Nach vielleicht einer Minute stand sie auf und drängte nach vorne, um in ihrer etwas ungewöhnlichen Aufmachung das Geschehen möglichst aus nächster Nähe verfolgen zu können.

»Die Hinterbichler-Basl«, hörte ich es hinter mir raunen.

»Die spinnt ja, einen roten Hut hat sie auf«, murmelte der Kindsvater.

»Mei, gesponnen hat die allerweil schon«, hörte ich aus einer anderen Richtung jemanden flüstern.

Doch dann geschah das Unerwartete, das, wären wir nicht in einem Gotteshaus und bei einer feierlichen Handlung gewesen, wohl lautes Gelächter ausgelöst hätte. Während sie nach vorne stelzte, stolperte die Hinterbichlerin über den kostbaren Teppich, riss eines der Kinder mit sich, und nur der heilige Florian auf seinem Sockel bewahrte sie durch seine Standfestigkeit vor einem Sturz. Nur ihm hatte die Basl es zu verdanken, dass nicht mehr passierte und dass sie mit ein paar Schrammen davonkam. Ihr Hut allerdings litt bei dem Malheur: Ich sah, wie die rote Kopfbedeckung durch die Luft flog und schließlich wie ein unpassender Farbtupfen auf dem wertvollen Teppich landete.

Ein amüsiertes Lächeln, wenn nicht heimliche Schadenfreude, musste die Hinterbichlerin hinnehmen. »Weil's wahr ist«, hörte ich sie später schimpfen, »wer den Schaden hat, der hat 's Gespött auch. Wenn der depperte Teppich nicht gewesen wär, dann wär des alles nicht passiert.«

»Aber der heilige Florian, wenn der nicht gewesen wär, nein, da mag ich gar nicht dran denken«, antwortete der Kindsvater ironisch.

Pater Emmerich muss mein besonderes Interesse an dem Teppich aufgefallen sein, denn er sprach mich nach der Taufe deswegen an: »Er hatte meiner Zelle ein wenig Glanz verliehen, weil er aber auch dem Gotteshaus Schönheit verleiht, habe ich ihn zur Ehre Gottes hier vor dem Altar ausgelegt.«

Einige Tage später, bei der nächsten Taufe, suchte ich Pater Emmerichs Erbstück vergebens. Sein einstiger Platz war leer. Der Altarbereich war um eine Kostbarkeit ärmer geworden. Was mochte der Grund dafür sein?

Auf meine entsprechende Frage eröffnete mir der Messner: »Der ist nimmer da, der Teppich.«

»Das ist aber schade«, meinte ich.

»Ja mei, der Pater Emmerich hat ihn wieder mit in seine Zelle genommen.«

»Auf seinen eigentlichen Platz, wo er hingehört«, glaubte ich zu wissen.

»Nein, des ist weniger der Grund, hat er mir gesagt, der Pater, aber, hat er gemeint, wenn die Hebamm des schon kennt, dass der Teppich schön ist und dass er was wert ist, dann kennen des andere Leut auch. Sie wird net die Einzige sein, der der Teppich gefallen hat, und er möcht net, dass er auf einmal Füß' kriegt.«

Eine logische Erklärung!

»Ja«, sprach der Messner weiter, »und die Hinterbichlerin ist eh drübergefallen. Es ist schon gut, dass er nimmer da ist, der Teppich.«

Das Taufversprechen, welches der Pate für das Kind ablegt beziehungsweise die Fragen des Geistlichen, die er beantworten muss, machten so manchem Schwierigkeiten. »Ich weiß vor lauter Aufregung allerweil nicht, was ich zum Sagen hab, wenn mich der Herr Pfarrer fragt«, war ein häufiger Hilferuf an mich. »Du musst mir wieder helfen, damit ich nicht stecken bleib.«

Doch einmal, bei der Taufe der ersten Tochter vom Schormeyer, war man nicht nur beim Taufgelöbnis in Nöten, vielmehr war der Name des Kindes in Frage gestellt. Als der Priester die übliche Frage stellte: »Wie soll das Kind heißen?«, antwortete die Patin nach kurzem Überlegen und, wie sie glaubte, richtigerweise: »Katharina«.

Der Herr Pfarrer nickte kurz, um dann in der heiligen Handlung fortzufahren, als der größere Bub laut und deutlich die Patin korrigierte: »Nein, so heißt des Dirndl nicht.«

»Freilich«, gab der Vater etwas verärgert zur Antwort, »Katherl heißt sie, und dabei bleibt's.«

Nun mischte sich die Tante des Täuflings ein: »Ein Katherl darfst mir nicht heimbringen, hat meine Schwester, was dem Dirndl seine Mutter ist, gesagt.«

Eisiges Schweigen herrschte plötzlich, als die Tante noch einmal das Wort ergriff: »Carmen heißt sie und nicht anders«, verkündete sie in aller Deutlichkeit, um der Wichtigkeit der Namensgebung Nachdruck zu verleihen.

»Die Namen, die werden allerweil blöder«, brummte der Kindsvater, »so was Spinnertes, dem Dirndl einen solchen Namen geben, zu dem es nicht einmal einen Heiligen gibt.«

Als auch ich glaubte, den Namen »Carmen« von Seiten der Mutter gehört zu haben, blieb es dabei. Der Schormeyer musste sich notgedrungen damit abfinden, denn es war Tradition, dass die weiblichen Namen die

Mutter bestimmte, während bei den Buben der Vater das Sagen hatte.

Der Herr Pfarrer, der nicht wollte, dass der Schormeyer unzufrieden heimging, schlug vor: »Dann hängen wir halt als zweiten Namen noch Katharina dran, dann hat ein jeder Recht.« Mit dieser salomonischen Entscheidung war auch der Kindsvater einverstanden, »weil des Dirndl für mich eh Katherl heißt«, wie er versicherte.

So kam es dann auch. Der zweite Name des Mädchens wurde der Rufname, obwohl die Mutter verzweifelt versuchte, das von ihr bevorzugte »Carmen« durchzusetzen. Es ist ihr nicht gelungen. Dieses Mal war der Vater der Stärkere. Aus Carmen wurde eine Katharina, weil dieser Name einfach der Tradition und den heimischen Gebräuchen näher stand.

Ein verhängnisvoller Irrweg

Einen geliebten Menschen durch einen schnellen, unvorhergesehenen Tod zu verlieren, ist etwas Unfassbares, Unbegreifliches. Man wehrt sich dagegen, der Wahrheit ins Gesicht zu sehen, das furchtbare Geschehen annehmen zu müssen. Aber aus der Welt des Todes kann keiner zurückgeholt werden, auch wenn die Sehnsucht nach dem geliebten Menschen über alle Maßen groß ist und sämtliche Grenzen zu überschreiten droht.

Am Bett einer Gebärenden wurde ich mit einem Schicksal konfrontiert, das es in dieser tragischen Form nur selten gibt. Schon vor der Tür der Wohnung hörte ich ein Schluchzen und Schreien. Doch erst später sollte ich den erschütternden Grund dieses heftigen Gefühlsausbruches erfahren.

Erstaunt trat ich über die Schwelle und stand einer jungen Frau gegenüber, die mich zunächst nicht bemerkte. Wortlos wartete ich, bis sie sich etwas beruhigt hatte, um dann auf sie zuzugehen. Rot geweinte, verschwollene Augen sahen mir stumm, hoffnungslos entgegen. Behutsam versuchte ich die Ursache ihrer Tränen zu erfragen, erhielt aber keine Antwort. Die Tante, die sich im Hintergrund hielt, schwieg ebenfalls.

Erst allmählich hörte dieses herzzerreißende Weinen auf, sodass die junge Frau mich endlich wahrnahm und versuchte, meine vorsichtigen Fragen zu beantworten. Sie sprach auch jetzt nur wenig – stotternd, gehemmt, gequält. Aber selbst bei diesen Satzbruchstücken ließ sich eine gepflegte Ausdrucksweise erkennen, wie man sie bei gebildeten Menschen hört.

Die Wehen kamen in unregelmäßigen Abständen, sie hinderten sie zusätzlich am Sprechen. Wieder gab sie nur unkontrollierte Schmerzäußerungen von sich, aber auch Satzfetzen, wie: »Nein, nein, ich will das nicht, ich will es nicht«, die größten Unmut erkennen ließen. Dieses Kind war nicht erwünscht, das wurde mir sehr schnell klar.

»Warum freuen Sie sich nicht auf Ihr Kind?«, fragte ich sie zwischen den Wehen.

Es kam eine klare, eindeutige Antwort zurück, die meinen Verdacht bestätigte: »Ich will dieses Kind nicht, ich hasse es. Warum nur musste ich es behalten?«

Nach einer kurzen, durch eine erneute Wehe verursachten Unterbrechung sprach sie weiter: »Ich werde, nein, ich muss es zur Adoption freigeben, weil ich seinen Anblick nicht ertragen kann.«

»Das ist für mich schwer zu verstehen«, erwiderte ich.

Am Kreißbett fallen häufig Worte, die jeder Logik entbehren. Aber diese Worte wirkten trotz meiner einschlägigen Erfahrungen sehr befremdend auf mich.

Zunächst schwiegen wir beide.

In einer längeren Wehenpause sprach sie mich erneut an: »Werden Sie mir beim Vollzug der Adoption helfen?«

»Ich helfe Ihnen gerne«, beruhigte ich sie. »Ich weiß aber, dass Sie dieses Kind nicht hassen, sondern lieben werden, so wie es alle Mütter tun, weil es ein Teil ihrer selbst ist. Warten wir doch einfach mal ab.«

Ein ungläubiges Kopfschütteln war die Reaktion auf meine Worte. Mütterliche Empfindungen kannte diese junge Frau noch nicht, sie würden erst wachsen müssen, um sich entfalten zu können. Ich war mir aber sicher, dass auch in diesem Fall die natürliche Mutterliebe stärker sein würde als alle widrigen, mir bis jetzt noch unbekannten Umstände.

Die Gebärende schwieg wieder. Sie wollte mich nicht – noch nicht – an den Geschehnissen ihrer Vergangenheit teilhaben lassen. Die Ursache ihres Verhaltens lag vorerst noch im Dunkeln. Dass wir uns fremd waren, noch zu wenig Vertrauen zueinander aufgebaut hatten, mag für ihr Schweigen mit ein Grund gewesen sein. Aber durch Geduld, und vielleicht auch durch meine Fürsorge, würde ich diese Hemmschwelle überwinden können. Und wir hatten Zeit, noch viel Zeit, denn die Geburt dieses ungewollten Kindes sollte noch lange brauchen. Ich würde im Laufe der kommenden Stunden noch einiges über die vergangenen, vielleicht tragischen Geschehnisse erfahren.

Als die junge Frau mich bat, sie mit ihrem Vornamen Karina anzusprechen, da wusste ich, dass sie mir nun vertraute. Ich würde Verständnis für die Not dieser jungen Frau haben – und, wenn es nötig war, auch für ihr Schweigen.

Viele Stunden vergingen, die Nacht kam. Schweigen, Tränen und leichte Wehen bestimmten auch weiterhin das Geschehen. Tante Eleonore, die sich schon bisher ganz im Hintergrund gehalten hatte, legte sich schließlich schlafen. Wir waren allein.

Nun erst fand die junge Frau den Mut, über sich und das Kind zu sprechen: »Es war ein weiter Weg von Hamburg hierher zu Tante Eleonore und Onkel Alfons. Ich habe ihn auf mich genommen, um dieses ungewollte Kind zur Welt zu bringen. Ist das nicht kurios?«, fragte sie.

Ich schwieg zu dieser Aussage und wartete auf eine Erklärung. Das ungewöhnliche Schicksal, das mir daraufhin berichtet wurde, machte mich betroffen und nachdenklich.

Eine von besonderer Liebe und Zuneigung geprägte junge Ehe wurde durch den plötzlichen Unfalltod des Mannes auseinander gerissen.

»Ich war wie von Sinnen«, begann Karina zu sprechen, »als mir diese Nachricht überbracht wurde, und wollte ebenfalls sterben, um bei ihm zu sein, bei Ralph, meinem Mann. Durch die totale Leere, die Verlassenheit, die Verzweiflung und die Sehnsucht nach ihm glaubte ich, den Verstand zu verlieren. Es war die Hölle! Können Sie das verstehen, meinen Schmerz nachvollziehen?«

Ich nickte nur, um dann zu antworten: »Und nun tragen Sie sein Kind in sich, das in ein paar Stunden zur Welt kommen wird. Warum diese Verzweiflung? Ich sehe da keinen Zusammenhang, eher einen Widerspruch.«

Eine lange Pause folgte auf meinen Einwand. Dann begann Karina erneut zu sprechen: »Ich suchte nach Ralph, bei Tag und bei Nacht. Weil ich einfach nicht wahrhaben wollte, dass Tote nicht mehr zurückkommen, dass sie in ihrer eigenen Welt ohne Wiederkehr sind. Ich suchte ihn an seinem Arbeitsplatz, an Orten, wo wir uns gerne aufgehalten hatten, und schließlich auf dem Friedhof. Sein Grab wurde mir zu einer Wallfahrtsstätte. Mehrmals am Tag besuchte ich es, um Frieden zu finden. Aber ich fand ihn nicht. Nicht hier – nirgends. Eine Halbverrückte, hieß es in meiner Umgebung, wenn ich an Bekannten vorbeilief und Selbstgespräche führte. Doch eines Tages hatte mein Suchen ein

Ende. Ich fand ihn, Ralph, meinen geliebten Ralph. Ich hatte gewusst, dass ich ihn finden würde. Kehren Tote doch aus dem Jenseits zurück oder war es eine Vision, eine Fata Morgana? Nein, es war kein Traum, es war Wirklichkeit. Ich nahm sein Gesicht in meine Hände, ich sah in seine Augen, ich hörte seine Stimme. Doch die Hände, die mich umfingen, waren nicht Ralphs Hände, sie gehörten Thomas, seinem Bruder. Für mich jedoch war es mein geliebter Ralph, den ich mit allen Fasern meines Herzens herbeigewünscht und ersehnt hatte. Es war keine Vision, es war Realität, und das raubte mir fast die Sinne. Ich wollte dieses Glück um jeden Preis festhalten. Ich konnte es nicht mehr loslassen. Doch als ich begriff, dass ich das Opfer eines Irrtums, eines Trugbildes geworden war, war es zu spät. Ich hatte Ralph gewollt, meinen Mann, nicht Thomas, seinen Bruder. Verzweifelt musste ich erkennen, dass ich einen Wunsch mit der Wirklichkeit verwechselt hatte, dass mich die Sehnsucht nach Ralph dazu getrieben hatte und … dass ich ein Kind aus dieser Beziehung mit dem ungeliebten Mann erwartete.«

Eine lange Pause, in der wir beide schwiegen, folgte dieser Beichte.

Dann begann Karina erneut zu sprechen: »Es kam eine Zeit der verstärkten Trauer und der Verlassenheit. Aber zur Trauer um Ralph kamen jetzt noch Schuldgefühle und der Hass auf Thomas, der sich meine Verzweiflung zu Nutze gemacht hatte. Dieser Hass saß tief, und er übertrug sich auch auf das Kind, das ich von ihm erwarte. Ich war hin- und hergerissen, ich zweifelte an mir selbst. Immer sah ich Ralph vor mir, der nicht Ralph, sondern Thomas hieß. Ich befand mich in einer Verstrickung, aus der ich nicht mehr freikam. Ich war reif für die Psychiatrie.«

Dieses ausführliche Bekenntnis würde Karina vielleicht über die unglücklichen Ereignisse hinweghelfen. Hier, weitab von dem Ort des tragischen Geschehens, hatte sie in einer anderen Umgebung etwas Ruhe gefunden, Ralph war ein wenig in die Ferne gerückt. Doch nun, vor der Geburt dieses Kindes, dessen Existenz einem verhängnisvollen Irrtum zu verdanken war, kam die Erinnerung an jenes Geschehen mit voller Kraft zurück.

Immer näher rückte die Stunde der Geburt heran, in der das ungeliebte Kind zum Leben kommen sollte. Die schweißtriefende Mutter lag schon in den letzten Wehen. Damit stand auch die Schicksalsentscheidung, die sie treffen musste, unmittelbar bevor. Meine Arme mussten, wie schon so oft, Tröster sein im Schmerz und in der Angst, von der Karina sagte, dass sie umsonst sei, da sie das Kind nicht wolle, und letztlich auch die Strafe für ihre Untreue Ralph gegenüber.

Dann ein kräftiger Schrei aus gesunder Lunge, ein unerwünschtes Kind war zur Welt gekommen. Der Anblick dieses prächtigen und pausbäckigen Babys machte mich nachdenklich. Wenn nun doch Ralph, der Ehemann, und nicht Thomas, sein Bruder, der Vater dieses Kindes wäre? Eine sehr heikle Frage, denn damit stünde alles ganz anders. Doch Karina glaubte ohne jeden Zweifel zu wissen, dass nur Thomas der Kindsvater sein könne.

Ich weiß nicht, warum ich in Zweifelsfällen wie diesen immer ein ungutes Gefühl habe, wenn ich allein und ausschließlich den Aussagen der Mutter glauben soll. Meine Erfahrung hat mich gelehrt, dass Vertrauen gut, Sicherheit aber besser sei. Um jeglichem Zweifel vorzubeugen, hatte ich Nabelschnurblut für spätere Analysen, sollten sie wider Erwarten nötig werden, entnommen, was auch für eine eventuelle Adoption notwendig werden könnte. Diese Vorsorge meinerseits aber ist in beiden Fällen gegenstandslos geworden, denn es blieb bei Karinas glaubhafter Aussage, dass Thomas der Vater ihres Kindes ist, und auch im Zusammenhang mit einer Adoption fand dieses Beweismittel keine Verwendung. Ist es doch jedes Mal wieder wie ein Wunder: Trotz festester Überzeugung vor der Geburt eines Kindes, dieses zur Adoption freizugeben – mögen die Gründe auch noch so verständlich sein –, so lösen sich alle Vorsätze in nichts auf, wenn das Kind der Mutter in die Arme gelegt wird und sie seine Nähe spürt.

Dann kam der Tag, an dem Karina von ihrem Kind für immer Abschied nehmen sollte. Das Zittern ihrer Hände zeugte von Unsicherheit und Zweifel. Sie schien hin- und hergerissen, ob sie den Vertrag, der vor ihr lag und der auf ihre Unterschrift wartete, unterzeichnen und damit dokumentieren sollte, dass sie auf ihr Kind für immer verzichten würde. Karina hielt lange den Füllhalter in ihrer Hand, drehte ihn hin und her, legte ihn zur Seite, nahm ihn wieder auf. Ich sah, wie sie sich die Schweißperlen von der Stirn wischte und wie schwer ihr diese Entscheidung fiel, denn in ihrem tiefsten Inneren empfand sie bereits zärtliche Liebe und eine starke Bindung zu ihrem Kind. Es schien, als wäre die Entscheidung schon längst gefallen.

Ich hielt den Kleinen in meinen Händen, damit Karina ihn noch einmal sehen konnte, ein letztes Mal vielleicht. Ein Blick auf das Kind ließ sie alle Zweifel über Bord werfen. Damit war alles entschieden. Der Füllhalter fiel aus Karinas Hand, und gleichzeitig wurde die Adoptionserklärung ohne die Unterschrift der Mutter zur Seite geschoben. Karina konnte und wollte nicht mehr zu ihrem Wort stehen, ganz so, wie ich es ihr vorausgesagt hatte.

Es war der achte Wochenbetttag. Als ich Karina besuchte, war sie glücklich, dass sie sich durchgerungen hatte, das Kind zu behalten. Sie hatte den schweren innerlichen Kampf gewonnen. Auch mir fiel hinsichtlich dieser guten Fügung ein Stein vom Herzen. Ich sah es nie gerne, wenn ein Kind von seiner Mutter getrennt wurde, auch dann nicht, wenn es in manchen Situationen die richtige Entscheidung war. Aber kann ein Außenstehender das überhaupt nachvollziehen?

Tante Eleonore und Onkel Alfons betrachteten ebenso zufrieden wie ich das schlafende Kind und waren glücklich über diese Wendung des Schicksals. Schließlich hatten auch sie die Entscheidung ihrer Nichte mitgetragen. »Es war der beste Entschluss deines Lebens, liebe Karina«, meinte die Tante gerührt. Wir alle standen noch unter dem Eindruck der vergangenen Erlebnisse und waren mit dem Endergebnis mehr als zufrieden.

Ein leises Klopfen an der Tür kündete einen Besucher an. Ein junger Mann stand in der Tür und fragte höflich: »Darf ich eintreten?« Ich sah, wie Tante Eleonore und der Besucher sich Blicke zuwarfen und Onkel Alfons sich seinen Hinterkopf rieb. Mit einem leisen »Na also« verschwand er daraufhin in der Küche. Wie es schien, war dieser Besuch von der Tante organisiert worden. Auch sie verschwand nun in plötzlicher Eile. Ich selbst verabschiedete mich ebenso rasch.

Mit Hilfe der wohl wollenden Tante Eleonore hatte Thomas den Weg zu Karina und seinem Kind gefunden. Es muss eine gute Aussprache zwischen den beiden gegeben haben, denn nach der Taufe des kleinen Ingo kehrte Thomas mit den beiden zurück in ihre norddeutsche Heimat. Wir sahen noch lange und nachdenklich dem weißen Wagen nach, der hinter einer dichten Staubwolke verschwand. Onkel Alfons drehte sich als Erster um und betrat mit einem zufriedenen »Na also« sein gemütliches Haus am Wildbach.

Karina und Thomas haben geheiratet. Ihre Hochzeitsanzeige habe ich wegen der besonderen Umstände aufbewahrt. Der kleine Ingo hatte nun statt der vorgesehenen Adoptiveltern seine leiblichen Eltern bekommen. Er blieb jedoch das einzige Kind des Paares. Sein Abitur und Studium meisterte er mit großem Erfolg. Später machte sich das einstmals ungewollte Kind als Professor der Architektur einen guten Namen.

Karina ist glücklich geworden. Ralph behielt stets einen guten Platz in ihrem Herzen. Was ihre Gefühle für Thomas angeht, so wurde aus dem anfänglichen Hass uneingeschränkte Liebe.

Die kleine Erwachsene

Ein schmaler Feldweg führte den Hang hinauf zu dem neu erbauten Häusl, dem der letzte Schliff noch fehlte. Über viele Monate hinweg beobachtete ich auf meinen Dienstwegen das Entstehen dieses Hauses, das zwar in Zeitlupe, aber doch stetig wuchs. Heute wurde ich nun dorthin gerufen. »Es tät halt schon recht pressieren«, war der eindringliche Ruf an mich, der mich zur Eile antreiben sollte.

Die werdende Mutter wird nach mir schon sehnlichst Ausschau halten, dachte ich, als ich in den frühen Morgenstunden den noch vom Tau nassen Wiesenweg den Hang hinauf einschlug. Doch Regina, die angeblich in starken Wehen lag, stand viel beschäftigt vor der Haustür und fütterte ihre Hühner, die sie mit einem Lockruf um sich versammelte. Irritiert sah ich ihr zu, wie sie, ganz vertieft in ihre Arbeit, Körner nach allen Seiten verstreute und mich gar nicht wahrnahm. Hatte ich richtig verstanden? Ich sollte zu einer sehr eiligen Geburt kommen, mich schnellstens auf den Weg machen, und nun stand ich vor der angeblich werdenden Mutter, die, statt mit Wehen im Bett zu liegen, gut gelaunt und vergnügt ihre Hühner fütterte.

Ich machte mich mit einem »Guten Morgen« bemerkbar, und Regina antwortete: »Du bist ja schon da, schön dass du gleich kommen bist.«

Ich hatte nicht den Eindruck, dass ich es mit einem Notfall zu tun hatte. Auch hätte ich Regina lieber im Bett gesehen.

Die ersten Strahlen der Morgensonne umspielten ihr blondes Haar, das in einem festen Knoten zusammengehalten wurde. Ihr sonst junges und rosiges Gesicht wirkte müde, abgekämpft und das nicht nur von den durchgestandenen Wehen dieser Nacht, vielmehr von den durchrackerten Tagen und Nächten der Schwerstarbeit beim Bau dieses Hauses. Ihr Gesicht spiegelte den Tribut wider, den sie dafür bezahlte.

Regina muss meine Gedanken erraten haben, denn sie gab mir zu verstehen: »Nein, nein, gehen darfst fei nimmer, musst schon dableiben bei mir, weil ich schon so viel Angst hab.«

»Du hast Angst?«, fragte ich. »In deinem Gesicht steht keine Angst, rede sie nicht herbei, das bringt nichts Gutes.«

»Ich hab halt bloß meine letzte Arbeit noch gemacht, aber ich mein, dass es nimmer zu lang dauern könnt.«

Unterdessen kam auch Sebastian, der Ehemann, den Regina Wastl nannte, vor die Tür. Dem Mann sah man ebenfalls die Strapazen an, die der Bau dieses Hauses gekostet hatte, und er versicherte mir, dass seine Frau Hilfe von der Base Emilie bekäme, die schon auf dem Weg hierher sei, zur Betreuung von Mutter und Kind in der Zeit des Wochenbettes.

»Ich selbst muss«, sprach Wastl weiter, »grad heut in den Forst, weil ich da dringend gebraucht werde. Des is mir zuwider genug, darfst mir's glauben, ausgerechnet heut muss ich fort. Wie es nur so was geben darf?«

Ob diese Aussage der Wahrheit entsprach, sei dahingestellt. Ich war von ihr nicht ganz überzeugt, hielt sie aber dem Ehemann als Notlüge zugute, denn er glaubte wohl, die bevorstehenden Ereignisse, die zu Hause auf ihn warteten, nicht zu überstehen.

»Du brauchst mich ja net unbedingt, weil, helfen

kann ich dir ja eh net, und die Emilie wird auch bald da sein«, meinte er im Gehen noch sagen zu müssen.

Mit diesen Worten verschwand er für den heutigen Tag. Regina horchte seinen Schritten etwas traurig nach und sagte zu seiner Entschuldigung: »Mei, wenn der Wastl im Forst halt gar net weg kann, wenn er gar so unersetzlich is. Des is schon a Kreuz.«

Sie hätte ihren Mann in diesen Stunden gerne bei sich gesehen, aber aus Liebe, aus Mitleid schwieg sie und ließ ihn gehen. Ich nickte nur zu dieser gut gemeinten Ausflucht und musste mich – wie so oft – über die Selbstlosigkeit dieser einfachen Frauen wundern, die nur für den Mann und die Kinder lebten, ihre eigene Person aber ganz zurückstellten, für sich selber keine Bedürfnisse und keine Wünsche kannten. Während unseres Gesprächs hielt Regina den Türrahmen fest umklammert, suchte hier Halt, um eine starke Wehe lautlos abklingen zu lassen.

In den Stunden des Wartens während der Wehenpausen erfuhr ich von dem kleinen bescheidenen Glück dieser jungen Leute, von den Strapazen, die sie durchgemacht hatten, die sie aber gar nicht als so belastend empfunden hatten, denn sie machten sich stets bewusst, in diesem Haus schließlich ihr eigener Herr zu sein. »Der Herrgott hat's gut mit uns gemeint, und dafür muss man dankbar sein«, fügte Regina zufrieden hinzu.

Nach so vielen Anstrengungen und Opfern empfand dieses junge Paar große Dankbarkeit für ihr kleines Glück. Regina nahm die notwendigen Wehen zur Geburt ihres Kindes still und ergeben an und war schon für die kleinste Zuwendung dankbar. Nicht Worte, sondern Blicke machten dies deutlich.

Nach zwei Stunden harten Ringens wurde ihrem abgerackerten Körper die letzte schwere Arbeit auferlegt, und Regina trug auch diese Anstrengung ohne Klage. Anspruchslose, von Mühen und Anstrengungen geprägte Menschen wie sie verhielten sich auch in Schmerzen ihrem robusten Wesen entsprechend gelassen.

Dann endlich kam Emilie, die angekündigte Hilfe, auf die wir schon seit Stunden warteten. »Jetzt bin ich da«, war ihre Begrüßung, als sie auf ihren Stock gestützt zur Türe hereinhumpelte. Auf ihren krummen Rücken hatte sie wohl schon an die siebzig Jahre geladen, und diese langen Jahre ihres entbehrungsreichen Lebens hatten sie müde und ihre Beine krank gemacht. Sie war eine bedauernswerte alte Frau, die Hilfe annehmen statt geben sollte.

Tausend Falten hatte ihr das harte Leben ins Gesicht gezeichnet, doch ihre Augen wirkten noch lebendig, als sie mich kritisch musterte: »Viel bin ich nimmer wert, aber ich tu, was ich kann«, hörte ich sie mit heiserer Stimme sagen.

»Is schon recht, Basl«, antwortete Regina, die sicher auch erkannt hatte, dass wenig Hilfe von dieser alten Frau zu erwarten war.

Es war ein Augenblick des Staunens, des Noch-nicht-fassen-könnens, über dieses Wunder, das hier geschehen war. Regina wurde ganz still, als sie sich den Schweiß von der Stirne wischte und das Kind in ihrem Arm verwundert betrachtete.

Johanna war nun geboren, das kleine Mädchen, das nun in unserer Geschichte eine entscheidende Rolle spielen soll und das in überragender Weise ein Zeichen für Verantwortung und Pflicht setzte.

Johanna blieb nicht das einzige Kind der jungen Eltern. Vier Buben und vier Mädchen kamen noch dazu, die alle in gesunder Umgebung und ländlicher Freiheit heranwuchsen.

Für Johanna als die Älteste gab es jedoch wenig freie Zeit. Sie musste schon früh Verantwortung übernehmen und wurde in Pflichten eingespannt, die das ohnehin zarte Mädchen zu überfordern drohten. Ich sah sie am Herd, im Stall, beim Kleinvieh, beim Scheuern und Bürsten von Wäsche auf der Waschbank, die viel zu hoch für ihren kindlichen Körper war und wobei mit einem Schemel nachgeholfen werden musste, um die gewünschte Höhe zu erreichen. Einen großen Zuber vor sich, der überquoll von Wäsche aller Art, bearbeitete sie die einzelnen Stücke mit ihren kleinen Händen, die durch die harte Arbeit rot und rissig geworden waren.

Außer der Arbeit in Haus und Hof war ihr auch die Pflege ihre kleineren Geschwister übertragen worden, während die Mutter sich auf dem Feld abrackerte und der Vater seiner Arbeit im Forst nachging.

Die Schule hätte für Johanna die Zeit der Erholung und des Ausruhens werden können, wenn es nicht auch hier Probleme gegeben hätte. So war es immer ein gefürchteter Tag, wenn die Mutter ihr befahl: »Heute kannst du nicht zur Schule gehen, ich sehe mich mit meiner Arbeit nicht mehr hinaus.« Deshalb ordnete sie an: »Ich brauch dich daheim, also bleibst auch daheim.«

»Da hab ich den nächsten Tag immer Angst vor der Lehrerin«, vertraute Johanna mir einmal an.

»Hast du denn Probleme mit ihr?«, fragte ich sie. Das Kind nickte nur und wandte sich ab. Doch ein anderes Mal erzählte sie mir, was es mit der Angst vor der Schule auf sich hatte.

Die Lehrerin ließ jedes Mal ihren Missmut an dem Mädchen aus, wenn es in der Schule gefehlt hatte, und das, obwohl Johanna nur in gehorsamer Pflicht ihrer Mutter gegenüber gehandelt hatte.

Besonders große Angst hatte sie vor dem Stock, der aus diesem Grund auf die verarbeiteten, rissigen kleinen Hände niederschlug. Sie fürchtete sich vor dem Schmerz in ihren Händen und den Tränen, die sie vergebens zurückzuhalten versuchte. Zu Hause schwieg sie über die ungerechte Behandlung der Lehrerin, denn mit dem Stock geschlagen zu werden, galt als Schande, zu der man sich nur ungern bekennen wollte. So kam es, dass die Eltern nicht das Geringste von diesen Vorfällen wussten.

Erst spät, aber noch nicht zu spät, erfuhr ich von den Misshandlungen in der Schule. Meine Aufgabe war es sicher nicht, mich in schulische Angelegenheiten einzumischen. Es wäre die Aufgabe der Eltern gewesen, diese Vorkommnisse zu bereinigen. Dass sie aber tatsächlich eingreifen würden, selbst wenn sie von dem Verhalten der Lehrerin gewusst hätten, stand nicht zu erwarten, fühlten die Eltern sich doch bereits von ihrem erdrückend großen Arbeitspensum und den damit verbundenen Sorgen völlig überfordert.

Wer aber kann traurige Kinderaugen, denen Unrecht geschehen ist, ertragen? Der Weg zur Schule wurde mir nicht allzu schwer, und ich sparte dort nicht mit Vorwürfen, weil ich wusste, dass ich nur so eine Wende der Geschehnisse bewirken konnte.

Nun war Frieden in der Schule, und es war zu spüren, dass Johanna auflebte, als sei eine Last von ihr genommen worden. Zu Hause aber tätigte sie ihre Aufgaben mit erstaunlichem Geschick und Einsatzbereitschaft, ein Kind, das bereits jetzt über seine Jahre hinaus gereift war und sich aus Notwendigkeit allen Belastungen gestellt hatte.

Als sich das achte Kind des Elternpaares ankündigte, kamen auf die erst zwölfjährige Johanna erneute Verpflichtungen und vermehrte Arbeit zu. Aber sie lehnte sich nicht dagegen auf. Sie erledigte schweigend das ihr Aufgetragene, sie kannte es ja nicht anders.

Die erneute Schwangerschaft der viel geplagten Mutter ging über deren physische Kräfte. Ihr Körper wehrte sich gegen neue Belastungen und wollte das Wachstum dieses Kindes nicht zu Ende bringen.

»Dieses Mal is alles anders«, klagte die besorgte Mutter mir gegenüber. »Ob trotzdem alles gut gehen wird?«, und nach einer kurzen Pause des Nachdenkens fuhr sie fort: »Mein Bauch is diesmal so schwer, und des Kind mag sich gar nimmer recht bewegen. Was des bloß heißen soll?«

Mit einem unguten Gefühl hörte ich Reginas Bericht an, weil ich den Zusammenhang bereits erahnte und die Probleme sah, die auf uns zukommen würden.

Schon tags darauf kam es, wie ich vorausgesehen und befürchtet hatte, zu einer Fehlgeburt. Das Kind starb, noch bevor es geboren wurde. Viel zu früh musste es sein gerade angefangenes Leben schon wieder beenden. Die Ursache, warum das Baby schon im Mutterleib gestorben war, kannte niemand. Darüber nachzuforschen, hätte keine Erkenntnisse gebracht, und so nahmen die Eltern dieses Schicksal als von Gott gegeben an und ließen das Geschehene auf sich beruhen.

Nur Johanna dachte genauer über diese Frage nach, denn sie wollte von mir wissen: »Warum hat des Dirndl sterben müssen, wenn's noch gar net auf der Welt war?« Doch dies war eine Frage, auf die ich keine Antwort geben konnte, denn auch Fachärzte stehen da gelegentlich vor einem Rätsel.

Mehrere Jahre vergingen. Von Johanna und ihrer Familie hörte ich vorerst nichts mehr. Der Herbst kam mit Nebel und trüben Tagen, und gelegentlich fielen schon einzelne Schneeflocken, die den baldigen Winter ankündigten.

Tief hängende Wolken standen über dem Kreuzacker, als ich auf den Weg dorthin war, um noch einmal einem Kind zum Leben zu verhelfen, das die Zahl seiner Geschwister weiter vergrößern würde, und das, wenn auch nicht erwünscht, so doch angenommen wurde.

Auch dieses Mal war der Ehemann auf seinem Arbeitsplatz unabkömmlich, denn vor diesen erneuten seelischen Belastungen kapitulierte er und ging ihnen, wenn irgend möglich, aus dem Weg. Johanna war ja da, das tüchtige, umsichtige Mädchen, auf das man sich verlassen konnte und das inzwischen schon erstaunlich herangewachsen und gereift war.

Des Öfteren kam sie nun mit der bangen Frage zu mir: »Wie geht's der Mama? Kriegen wir wieder ein totes Kind?«

Ich konnte sie beruhigen, dass es bei dieser Schwangerschaft nicht zu einer solchen Tragödie kommen würde, eine Antwort, die ich jedoch später widerrufen musste. Aus den ängstlichen Augen dieses jungen Mädchens, das die Vorgänge einer Geburt zwar zwangsläufig miterlebte, sprach vor allem die Sorge um die Mutter, für die es im Augenblick wenig Hilfe gab.

Nägel kauend ging Johanna durch das Haus, ihre Geschwister zu Ordnung und Ruhe auffordernd. Doch dann stand sie plötzlich am Bett der Mutter, strich dieser über Stirn und Wangen und sagte leise: »Mama, ich bin auch noch da, du kannst dich auf mich verlassen.«

Mit diesen beruhigenden Worten ging das tapfere

Mädchen aus der Stube. Nur ich sah, dass Johanna dabei weinte.

Mutter Regina, deren Geburten immer relativ schnell und reibungslos verliefen, kämpfte dieses Mal hart um ihr Kind. »Hoffentlich is es das Letzte!«, rief sie immer wieder aus. »Ich kann bald nimmer.« Verzweifelte Worte einer Mutter in den Stunden der Angst, der Überforderung und der Sorge, wie es weitergehen sollte.

»Wir werden es wie jedes Mal gemeinsam durchstehen«, tröstete ich die entkräftete Frau. Sie aber gab mir zur Antwort: »Ich weiß net, ob meine Kraft noch ausreicht, ich bin so müd und so schwach.«

In dieser ihr so hoffnungslos erscheinenden Stunde wäre es für sie wichtig gewesen, Wastl, ihren Ehemann, bei sich zu haben. Seine Gegenwart hätte viel bewegen können. Ein kurzes Streicheln, ein gutes Wort hätten geholfen, so manche Ängste zu vermindern, und wäre damit ein nicht zu unterschätzender, positiver Einfluss auf den Geburtsvorgang gewesen.

Und endlich konnte man auch bei dieser schweren Geburt dem Ende entgegensehen. Müde und erschöpft musste Regina die letzten und schwersten Wehen über sich ergehen lassen. Dann war er da, ein schwacher, untergewichtiger Bub, dessen bläuliche Gesichtsfarbe zur Sorge Anlass gab und dessen Lebensfunktionen erheblich eingeschränkt waren.

Aber die Geburt sollte noch immer nicht beendet sein. Ohne Rücksicht auf die widrigen Umstände und den alle Kräfte der Mutter übersteigenden Kampf wollte noch ein zweites Kind zum Leben kommen. Zwar ohne größere Schwierigkeiten, aber ebenfalls mit geringem Körpergewicht kam es zur Welt.

Seine eingeschränkte Atmung aber machte mir große Sorgen. Eine Reanimation war nötig, dann allerdings konnte das Neugeborene frei atmen, und das Schlimmste war überstanden. Das Baby würde weiterleben.

Die Lebenschancen seines Zwillingsbruders aber verschlechterten sich mehr und mehr. Sein Tod war nur noch eine Frage der Zeit, und schon nach wenigen Stunden gab der kleine Bernhard, nachdem er von mir noch die Nottaufe erhalten hatte, den Kampf um sein Leben auf.

Trauer und Tränen um das Neugeborene gab es nur von Seiten der Mutter. Alle anderen sahen schweigend, tränenlos auf den toten Körper dieses Kindes. Der Schmerz, wenn es ihn überhaupt gab, war nicht sehr groß, und bald sprach man nicht mehr von diesem zweiten Baby. Ein schwaches, lebensunfähiges Kind ist nach seiner Bestimmung und nach den Gesetzen der Natur heimgegangen.

Das Zwillingsmädchen Franziska, das wenige Minuten nach seinem nun verstorbenen Bruder geboren wurde, hatte sich durchgerauft und wuchs unter Johannas Obhut und Fürsorge zu einem gesunden und aufgeweckten Mädchen heran.

Der alte Großvater aber kommentierte mit schwarzem Humor das Ableben des kleinen Bernhard: »Da sieht man's wieder, die Weiberleut haben allerweil die Nase vorn.«

Mutter Reginas Wochenbett war, wie immer bei ihr, kurz, und bald sah man sie schon wieder auf dem Feld bei Arbeiten, die eigentlich einen Mann erfordert hätten. Trotzdem nahm zunächst alles seinen geordneten Gang.

Der nächste Schicksalsschlag aber ließ nicht lange auf sich warten. Diese schwer geprüfte Familie sollte einfach nicht zur Ruhe kommen.

54

Obwohl die Kinder in gesunder Umgebung auf-
wuchsen, erkrankte eines nach dem anderen. Nun lag
die zweijährige Hildegard mit hohem Fieber in ihrem
Bett, und niemand konnte die Art ihrer Erkrankung erkennen. Die Kräuter-Barbara sprach von Fraisen, einer
Säuglingskrankheit, bei der die Kinder unter krampfar-
tigen Zuckungen zu leiden hatten, während die Ver-
wandten von Verwünschungen und bösem Zauber re-
deten.

Die Familie war in größter Sorge um die Kleine. Ta-
ge- und nächtelang wurde das Kind von Fieberanfällen
geschüttelt, bis es diesen am vierten Tag erlag. Die ganze Familie war stumm vor Trauer. Mit hängenden
Schultern schlich die inzwischen fünfzehnjährige Johanna durchs Haus und konnte das Geschehene nicht
fassen. Dieses Mal aber war sie nicht die Starke, deren
Schultern so viel Last und Verantwortung tragen konnten, dieses Mal schien sie am Kummer zu zerbrechen.

In unmittelbarer Nähe erlebte sie sowohl Geburt als
auch Sterben und hatte sich demzufolge schon früh mit
diesen natürlichen Gegebenheiten auseinander zu setzen. Eine schwere Anforderung an ein junges Mädchen, das den Reifeprozess des Erwachsenwerdens erst
noch durchlaufen musste.

Noch im selben Jahr erkrankte auch das jüngste
Kind, Franziska, das kleine Zwillingsmädchen. Jetzt
aber schien es, als seien in Johanna neue, starke Kräfte
gewachsen. Sie wehrte sich verbissen gegen den Tod ihrer jüngsten Schwester, die sie nicht auch noch verlieren
wollte. Tagsüber, wenn Husten und Fieberanfälle Franziska schüttelten, war sie allein mit dem kranken Kind.
Von der Angst, die Johanna dabei überfiel, sprach sie
nicht und vergrub sie in ihrem Inneren.

Immer aber war es für Johanna ein Aufatmen, wenn

die Mutter von der Feldarbeit zurückkam, ihr beistand und mit ihr zusammen die Angst um die kranke Schwester trug. Doch wie schwer wird es dieser leidgeprüften Mutter wohl gewesen sein, wenn sie heimkam und an Johanna die bange Frage richtete: »Lebt 's Dirndl noch?«

»Ja, heut atmet sie noch«, gab ihr Johanna dann zur Antwort. Aber wie wird es morgen sein? Eine Frage, die sich die Familie nun täglich stellen musste. Doch erst der Tag der Krise würde diese Frage klären. Würde Franziska diesen schicksalhaften Tag überstehen? Auch der Arzt wusste darauf keine Antwort. Er verordnete Medikamente, gab Anweisungen. »Alles andere liegt in Gottes Hand«, stellte er abschließend fest.

Aber letztlich lag es auch in den Händen Johannas, dass die Krise überwunden werden konnte und die kleine Franziska, die dem Tod so nahe gewesen war, weiterleben durfte.

So hat Johanna Leben und Tod, Geburt und Sterben in ihrer Familie mitgetragen und mitgelitten, ohne jemals zu murren. Sie hat ihre eigenen Bedürfnisse stets weit zurückgestellt, um der Familie zu dienen und sie zu umsorgen. Auch hat sie die Schläge der Lehrerin schweigend hingenommen, weil ihr der Gehorsam der Mutter gegenüber wichtiger war und als vorrangig erschien. Damit hat sie ihre Kindheit der Familie in überreichem Maße geopfert.

Sterben, Geburt und wieder Sterben, diese unabwendbaren Ereignisse während Johannas Kinderzeit haben in dieser jungen Seele Wunden hinterlassen. Aber gerade durch diese Erfahrungen wurde sie reif und erwachsen. Ein Prozess, der sie zu einem besonders verantwortungsbewussten Menschen gemacht hat. Dieses kleine Mädchen ist durch ihre überaus schwere Kindheit, die von Schicksalsschlägen geprägt war, zu einer starken, selbstbewussten Frau geformt worden.

Nach dem frühen Tod ihrer Eltern ging der Kreuz- acker in Johannas Hände über. Die Lebenserfahrungen ihrer Kinderzeit kamen ihrer eigenen Familie, vor allem ihren Kindern, zugute. Für Johannas Geschwister blieb der Kreuzacker stets ihre eigentliche Heimat, denn die große Schwester ersetzte ihnen zeit ihres Lebens die Mutterstelle.

Nächtlicher Fehlalarm

Eine ängstliche Stimme erklärte mir am Telefon, dass ich mich beeilen sollte, zu Frau Seiler nach Hinterkramling zu kommen, sie krümme sich vor Schmerzen, das erste Kind sei auf dem Weg. Ich kannte weder eine Frau Seiler, noch war mir deren Wohnort bekannt. Nach einer ausführlichen Ortsbeschreibung des Anrufers musste diese Einöde nahe der Landkreisgrenze Traunstein auf dem Weg in das österreichische Grenzgebiet liegen. Nach einem Blick auf die Landkarte war ich mir schließlich sicher, den Weg nach Hinterkramling so weit zu kennen, dass ich ihn in dieser Nacht auch finden konnte.

Es war tiefer Winter und eine dunkle Nacht, als ich mich zu Frau Seiler nach Hinterkramling auf den Weg machte. Vorsorglich rüstete ich mich für unvorhergesehene, wetterbedingte Schwierigkeiten, oder falls mich mein bockiger Lloyd wieder einmal im Stich lassen sollte, so aus, dass ich gegebenenfalls auch zu Fuß meinen Weg fortsetzen konnte.

Nach mehreren Kilometern Fahrt streikte auch schon mein ungnädiger Freund und Begleiter, kapitulierte vor den Schneemassen und ließ mich mit meinen Nöten allein. Wieder einmal musste ich meinen Hebammenkoffer auf den Rücken nehmen und mich auf meine Füße verlassen.

Sehr weit konnte es bis Hinterkramling nicht mehr sein. Wenn bloß die Nacht nicht so dunkel gewesen wäre. Ich watete durch die Schneemassen, fiel in tiefe Gräben und war schon bald vom Weg abgekommen, sodass ich zum Schluss ganz die Orientierung verlor. Ich irrte in der Dunkelheit und in dem mir unbekannten Gebiet umher – ich weiß nicht, wie lange. Ich hatte nicht die geringste Ahnung, wie viel Uhr es wohl sein mochte. Dazu kam die Sorge um die werdende Mutter, die mich sicher dringend erwartete.

Doch plötzlich sah ich ein Licht, das soeben angezündet wurde. In diesem Augenblick war mir, als würde ich die Sonne sehen, und ging nun raschen Schrittes – soweit dies überhaupt möglich war – auf die erlösende Helle zu.

Gott sei Dank!, dachte ich, dass ich zu Menschen komme, die mir weiterhelfen können. Doch auf mein Klopfen an der Haustür öffnete niemand. Nach mehrmaligen Versuchen glaubte ich, einen schüchternen Blick hinter dem Vorhang zu sehen, der verheißen sollte, wir kennen dich nicht, wir werden die Türe nicht öffnen.

Auf mein inständiges Klopfen wurde schließlich doch der Riegel der Haustüre zurückgeschoben, und ein älterer Mann fragte mich missmutig nach meinem Begehren. Als ich ihm erklärte, dass ich um keine Aufnahme in seinem Haus bäte und nur den Weg nach Hinterkramling erfahren wollte, gab er mir zur Antwort: »Du bist gewiss die Hebamm, denn um die Zeit is kein ordentliches Weiberleut mehr auf dem Weg, außer der Hebamm. Nach Hinterkramling möchst?«

Nun meldete sich aus dem Hintergrund eine jüngere Frau zu Wort: »Die Hinterkramlingerin, die kriegt aber kein Kind, da musst dich schon verhört haben. Die kriegt kein Kind net, des weiß ich ganz gewiss.«

Das waren neue, unerfreuliche Aspekte, die meine

Gedanken durcheinander wirbelten. Sollte ich etwa diesen beschwerlichen Weg umsonst gemacht haben? Oder noch schlimmer: Hatte ich den telefonischen Anruf falsch verstanden?

Da begann der Mann erneut zu sprechen: »Aber wennst nach Hinterkramling möchst, dann gehst den Weg da vorn gradaus, an der Kiesgrube vorbei und beim Marterl, da biegst dann rechts ab. In einer kleinen halben Stund bist in Hinterkramling. Und jetzt gut Nacht und komm gut hin und wieder gut heim.«

Bevor der Mann die Haustüre wieder verriegelte, hörte ich die zum Haus gehörende Frau noch sagen: »Was tut die Hebamm bei der Hinterkramlingerin, wenn die kein Kind net kriegt oder vielleicht kriegt s' doch eins.« Das Licht erlosch, ich stand wieder allein in der Finsternis und war mit meinen Gedanken, die mir nichts Gutes verhießen, allein. Eine halbe Stunde Fußmarsch, wer weiß, was mich dann erwartete.

Es fing zu schneien an, und bald konnte ich nur noch schemenhaft die Umrisse der Kiesgrube und des Marterls erkennen. Ein trostloser Weg in einer trostlosen Nacht. Nach einer Wegbiegung sah ich aus einem Kamin Rauch aufsteigen, und dann stand ich endlich vor einer Einöde, die Hinterkramling hieß. Mein Kommen meldete der Hofhund an, der wütend an seiner Kette zerrte.

»Hast hergefunden zu uns?«, war die einfältige Frage eines nicht mehr ganz jungen Mannes, der mich in das Haus begleitete. »Drin in der Stube is die Anna«, eröffnete mir der Mann, der seine Nervosität nicht ganz verbergen konnte.

Die werdende Mutter fand ich wie angekündigt in der Stube am Kachelofen vor, die Beine hatte sie hochgezogen, und die Wärmflasche auf ihrem Bauch hielt sie fest umklammert. Auf meine Frage, seit wann sie denn Wehen hätte, schaute sie erst zu ihrem Ehemann, dann zu der soeben eintretenden alten Mutter, bevor sie mir antwortete »Mei, Bauchweh hab ich halt, ich weiß auch net, was des bedeutet, a Kind krieg ich halt.«

Eine mühsame Fragerei begann, und aus den erhaltenen Antworten konnte ich keine Schlüsse ziehen. Auch die Frage nach dem Geburtstermin brachte vorerst keinen Aufschluss über den Stand der Dinge.

»Nein, da kenn ich mich net so genau aus, ich mein halt, es könnt so weit sein, weil ich Bauchweh hab, und die Mutter sagt, wenn's so weit is, des spannst dann schon.«

So viel Vertrauen in die Schöpfung und ihre Abläufe erlebte ich nur selten. Hier, in dieser Abgeschiedenheit, schien man nur die Gesetze der Natur zu kennen und lebte ausschließlich nach ihnen. Die Errechnung eines Geburtstermines fand man als nicht unbedingt notwendig, »denn des Kind kommt eh, wann's mag«.

Sorglos lebten diese Leute, zu sorglos, wie ich bald erfahren würde. Nach meiner Bitte an Anna, sich hinzulegen, erlebte ich eine nicht alltägliche Überraschung. Aber gab es überhaupt noch Dinge, die mich überraschen konnten?

Es bestand gar keine Schwangerschaft. Auch die mühsam erfragte Antwort nach dem letzten Zyklus bestätigte diese Tatsache. »Nach dem geht's net immer«, meldete sich die Mutter, »da passen wir net so auf, und jetzt sind sie a gutes Jahr verheiratet, und da möcht man doch meinen ... und Bauchweh hat sie auch, die Anna.«

Ein Wunschgedanke, allerdings findet man in diesen Kreisen eine eingebildete Schwangerschaft höchst selten, weil man sich schicksalsbedingt in die gegebenen Ereignisse fügt. Doch Anna und ihre Familie rebellierten gegen ihre Kinderlosigkeit und glaubten, durch ihre

Einbildungskraft erzwingen zu können, was sich nicht von selbst ergab. Der sehnliche Wunsch nach einem Kind schien das gesamte Fühlen und Denken von Anna und Toni zu beherrschen, bei der alten Mutter musste er aber übermächtig gewesen sein.

Bei meiner Diagnose, »es gibt kein Kind, das kommen möchte«, fielen die drei aus allen Wolken. »Und warum net, wenn sie schon a gutes Jahr verheiratet sind, frag ich mich?«, stieß die alte Mutter erbittert hervor.

Ich versuchte sie zu trösten, und meine Antwort half ihnen ein wenig über die Enttäuschung hinweg: »Die beiden haben noch sehr viel Zeit, und irgendwann kommt das erwünschte Kind, vielleicht sogar noch mehrere dazu. Erzwingen lässt sich nichts. Nur Gelassenheit führt zur Erfüllung dieses Wunsches.«

Stumm vor Enttäuschung sahen mich drei Augenpaare traurig an, nicht begreifend, dass es so etwas geben kann. Kein Kind nach mehr als einem Jahr Ehe?

Die alte Mutter fand als Erste ihre Sprache wieder, und sie erklärte fast entschuldigend: »Ja mei, die Anna war allerweil schon gut beieinander und besonders um den Bauch herum, da kann man sich halt auch einmal täuschen.«

Dass auch noch andere Voraussetzungen für eine Schwangerschaft nötig waren, ließen sie sich dann geduldig von mir erklären. Ob sie das Gehörte allerdings in ihr Denken umsetzen konnten, ob sie es überhaupt aufgenommen hatten, ließ sich schwer sagen. Doch ich gab mich mit ihrem Kommentar zufrieden, dass man mir »so gut zulusen« könne. Dies bedeutete wohl, dass es recht angenehm und schön sei, meinen Worten zuzuhören. Mehr, so schien es, war hier nicht zu erwarten.

Eine schwere Nacht mit einem enttäuschenden Ausgang war zu Ende gegangen. Die drei Menschen auf dieser Einöde litten unter der Tatsache, dass es für jetzt und heute kein Kind auf Hinterkramling geben werde. Ein Jahr Ehe und kein Kind, warum eigentlich nicht? Bei bestem Willen war diese Frage nicht zu klären. Sie standen dem völlig verständnislos gegenüber.

Für den schwierigen nächtlichen Weg, den ich nun umsonst gemacht hatte und der für diese armen Menschen kein befriedigendes Ergebnis gebracht hatte, bedankte sich die alte Mutter bei mir mit einer Tasse Kaffee.

»Setz dich noch a wenig nieder und trink mit uns a Haferl Kaffee. Der Schrecken hat sich uns allen auf den Magen geschlagen. Und du kannst ihn brauchen, den heißen Kaffee, wennst noch heimgehen musst heut in der Nacht.«

In vier großen Kaffeetassen dampfte ein undefinierbares Getränk, welches die Mutter mit Süßstoff zu verbessern suchte, mit dem Stiel eines Kochlöffels alles andächtig durcheinander rührte und schließlich mich zum Trinken aufforderte. Es war eine scheußliche Brühe, die ich der Höflichkeit halber trinken musste, um diese herzensguten Menschen nicht zu verletzen. Es gelang mir auch leidlich, da ich sah, mit welchem Hochgenuss die drei ihren so genannten Kaffee schlürften und dabei den Schrecken dieser Nacht ein wenig vergaßen.

Anna und Toni haben, obwohl es schmerzte, ihr gottgewolltes Schicksal angenommen. Doch die mehrere Jahre andauernde Wartezeit ließ ihre Hoffnung auf das so sehnsüchtig gewünschte Kind immer geringer werden.

Erst als schon keiner aus der Familie mehr daran glaubte, geschah das heiß ersehnte Wunder doch noch. Nach mehreren zwecklosen Besuchen und vielen tröstenden Worten konnte ich an einem Frühsommertag, als der Holunder vor der Haustür blühte, seinen Duft verströmte und der Kirschbaum seine Früchte ansetzte, Annas erstes Kind ihr in die Arme legen. Und auch die alten, müden Hände der Großmutter und die schwieligen, harten Hände des Vaters streichelten liebevoll und in größter Dankbarkeit dieses kleine Geschöpf.

Während die Großmutter verschämt und der Vater sich gerührt der Tränen erwehrten, hielt Anna vor Glück strahlend ihr Kind im Arm, stumm, weil ihr die Worte fehlten.

Ich vermag heute nicht mehr genau zu sagen, wie vielen Kindern ich auf Hinterkramling zum Leben verholfen habe. Waren es vier oder vielleicht sogar sechs? Durchwegs waren es aber kräftige Kinder mit robuster Gesundheit. Leider habe ich sie aus den Augen verloren, ihren weiteren Lebensweg konnte ich nicht mehr verfolgen. Hinterkramling, die Einöde, die von den Leuten häufig als Kaff, welches am Ende der Welt liegt, bezeichnet wurde, habe ich stets in guter Erinnerung behalten.

In den Wintermonaten mag die Einschätzung der Menschen, die Hinterkramling kennen, zutreffen. Doch die Stille und die Ruhe, die diese Einöde umgeben und die selten jemand stört, haben sicherlich auch ihre Vorzüge. Gerade in unserer heutigen Zeit der Hetze und Eile könnte so ein friedlicher Ort für viele, unter Überforderung leidende Menschen zu einem ruhenden Pol werden, zu einer Basis, von der aus man das Leben geruhsamer angehen könnte.

Hans, der kleine Herrgott

Stolz und schön inmitten eines großen Gartens stand es da, das herrschaftliche Haus der Familie May, umgeben von seltenen Blumen und Sträuchern und einem großen Rosenbeet vor der Eingangstür.

Hier lebten wohlhabende Leute, die ihren Besitz durch eine hohe, dichte Hecke vor fremden Blicken schützen wollten. Der Duft von unzähligen Rosen schlug mir entgegen, als ich dieses vornehme Haus betrat.

Vor etwa zwei Jahren kam ich das erste Mal in dieses piekfeine Gebäude, als ich Hans zum Leben verhalf. Er sollte das einzige Kind bleiben, wie man mir bei seiner Geburt versicherte.

Damals gab es noch die Dogge Hieronymus, der Wächter des Hauses, der mich immer freundlich begrüßte, wenn ich kam. Mit der Geburt von Hans musste das Tier allerdings das Feld räumen, der Hygiene halber, hieß es.

Nun war Hänslein, wie er liebevoll von seinen Eltern genannt wurde, plötzlich unpässlich. Um sicher zu gehen, dass es sich um keine ernst zu nehmende Krankheit handle, holte man mich mit meinen, wie sie sagten, großen Erfahrungen im Umgang mit Babys, nachdem der Hausarzt außer einer leichten Temperaturerhöhung infolge eines neuen Zahnes, dem es nicht gelang durchzustoßen, keine Krankheit entdecken konnte.

Dem Hänslein aber war außer einer leicht geröteten Backe keine Unpässlichkeit anzusehen. Dass Hänslein auf seinem Topf, der auf dem Küchentisch – ganz ungewöhnlich für dieses gepflegte Haus – platziert war, wie am Spieß schrie, hatte nichts mit seiner angeblichen Krankheit zu tun, vielmehr wollte er herunter von seinem Thron, auf dem ihn die Mutter mit beruhigenden Worten und mit »Vöglein im Walde« singend festhielt. »Hänslein sei lieb, Hänslein sei brav, bist ja schon ein großes Kind.«

Es war schwer, das Geplapper dieser überbesorgten Mutter zu ertragen, die von der Erziehung eines Kindes keine Ahnung hatte. Zudem war Hänslein ein recht dickköpfiges Kind, das zu allem seine ganz eigene Meinung hatte.

»Muss der Topf unbedingt auf dem Küchentisch stehen?«, fragte ich verwundert.

»Ja, Hänslein will keinen anderen Platz«, bekam ich zur Antwort.

Doch im Augenblick, wie aus seinem Geschrei zu schließen war, hatte Hänslein nicht die geringste Lust, auf dem Topf seine »Pflicht« zu erfüllen.

»Wenn Fremde dabei sind, verhält er sich anders, er wehrt sich halt«, war die mir unverständliche Reaktion der Mutter.

Ich vermutete, dem Hänslein wurden nie irgendwelche Grenzen gesetzt, er versuchte, seinen Willen mit Aggressivität durchzusetzen. Wenn er beispielsweise hinfiel, dann blieb er einfach am Boden liegen und schrie aus vollem Halse so lange, bis er hochgehoben wurde und ihm das mütterliche Mitleid durch Streicheln bekundet wurde.

»Wir wollen doch den Willen unseres Kindes nicht brechen, er soll Führungskräfte entwickeln, um unseren Betrieb später leiten zu können. Das ist unser oberstes Ziel«, wurde ich von der Mutter belehrt.

Es war nicht meine Aufgabe, mich in die Kindererziehung einzumischen. Meine Arbeit lag auf einem anderen Gebiet. Doch glaubte ich, Frau May sagen zu müssen: »Es wäre für Hänslein mit Sicherheit von Vorteil, wenn er Geschwister hätte, durch die er gezwungen wäre, auch einmal auf andere Rücksicht zu nehmen. Außerdem könnte er so lernen, in Gesellschaft von Gleichaltrigen zu leben und mit ihnen Gemeinsamkeiten entwickeln.«

»Nein, nein, Hänslein ist und bleibt unser Einziger. Er soll nichts mit anderen teilen müssen. Auf ihn wartet schließlich eine zu große Aufgabe«, gab mir der Vater zu verstehen.

Durch heftiges Kopfnicken bestätigte Frau May die Ansicht ihres Mannes.

Hänslein, ihr kleiner Herrgott, sollte als einziges Kind der Familie May das Unternehmen in Besitz nehmen. Hoffentlich bleibt er am Leben, um seine große Aufgabe zu erfüllen, dachte ich, Gott möge es geben.

Hänslein war schon jetzt in gewissen Dingen Herr und Gebieter in diesem Haus, seine Mitmenschen behandelte er beinahe wie Sklaven.

Dann musste Mutter May ganz plötzlich verreisen: »Nach München und nur für ein paar Tage«, erfuhr ich, als ich wieder einmal zu Hänslein geholt wurde.

»Es ist etwas ganz Furchtbares passiert«, berichtete mir Tante Hermine, die Hänslein während der Abwesenheit der Mutter betreute.

»Hänslein hat sich am Kopf verletzt, und nun hat er eine Beule auf der Stirn. Ich bin in größter Sorge, und gerade jetzt ist auch der Hausarzt nicht zu erreichen.«

Ein bedeutungsloser blauer Fleck, dem man im Allgemeinen keine große Bedeutung schenkt und der sich in wenigen Tagen von selber kuriert, war nur ein Ergebnis von Hänsleins cholerischen Ausbrüchen. Ich riet zu kalten Umschlägen auf die Stirn, die aber Tante Hermines Bericht zufolge an Hänsleins heftiger Abwehr scheiterten.

Ein gewagter Versuch von mir hatte schließlich Erfolg. Es war kaum zu glauben, doch Hänslein ließ sich von mir an die Hand nehmen und die verwundete Stirn mit kaltem Wasser betupfen. Der nasse Umschlag, den ich ihm dann um den Kopf wickelte, war etwas Neues, etwas Aufregendes für das Kind. Stolz betrachtete Hänslein sein verändertes Gesicht im Spiegel. Er war mit sich zufrieden.

Ich hatte dabei den Eindruck, dass das Kind es mehr schätzte, wenn man entschlossen und konsequent mit ihm umging, als mit der Zimperlichkeit und dem weinerlichen Getue, das seine Familie an den Tag legte.

Frau Mays Aufenthalt in München zog sich wider Erwarten in die Länge. Statt weniger Tage wurden es mehrere Wochen.

Dann war sie nach langer Abwesenheit zurückgekommen. Eine blasse, abgemagerte Frau May mit tief liegenden großen Augen stand vor mir: »Ich hatte eine Fehlgeburt. Es geht mir nicht besonders gut«, war ihre Begrüßung.

Eine manipulierte Fehlgeburt also, ihrem ausgebluteten Gesicht und schlechten Allgemeinzustand nach zu schließen. Stumm und traurig sah die Frau mich an.

»Warum tun Sie sich das an?«, fragte ich. »Sie sind nur knapp mit dem Leben davongekommen, wie ich sehe. Es war keine gute Entscheidung, nach München zu fahren. Es wäre doch so viel Platz in Ihrem schönen Haus für dieses Kind gewesen.«

»Wir wollten doch, dass Hänslein der Einzige bleibt«, antwortete sie gequält.

Mehrere Sommer kamen und gingen. Vor dem schönen Haus am Berghang, diesem kleinen Paradies, konnte man alljährlich beobachten, wie die Blumen des Gartens blühten, dufteten und schließlich wieder verwelkten.

Im Winter lag es still eingebettet in Schnee und Raureif, gerade so, als käme es aus dem Märchenbuch.

Hänslein, der Eltern May Einziger, kam zur Schule. Für den verwöhnten Buben eine Herausforderung, aber auch eine heilsame Erfahrung, so hoffte ich. Doch Hänslein verstand nicht, warum er sich plötzlich unterordnen sollte. Das waren ganz neue Umstände, die ihm zutiefst missfielen. Er drangsalierte Lehrer und Mitschüler, sodass er bald zum Außenseiter wurde. Beschwerden von Lehrkräften und Eltern seiner Mitschüler kamen ins Haus, denen Vater und Mutter May ratlos gegenüberstanden.

Hänslein war ein schwieriger Schüler, der keine sozialen Bindungen kannte und nun vor Situationen stand, die ihn überforderten.

In dieser Zeit erholte sich Frau May wieder von den vorausgegangenen körperlichen und seelischen Strapazen, die aber, wie es schien, in ihrem Herzen dennoch große Wunden hinterlassen hatten. Sie empfand die Leere und die Stille des Hauses, da Hänslein nun zur Schule ging, als überaus beklemmend, und der Wunsch nach einem zweiten Kind erwachte plötzlich und wurde übermächtig. In einem langen Gespräch mit mir fragte sie mich: »Wird es nach so langen Jahren noch möglich sein, ein Kind zu bekommen? Ich bin ja auch nicht mehr die Jüngste …«

Die besten Jahre zum Kinderkriegen hatte Frau May vergehen lassen, aber auch der vorausgegangene Schwangerschaftsabbruch, der mit Komplikationen verbunden gewesen war, konnte nun möglicherweise zu einem Hindernis werden.

Ich tröstete Frau May und meinte: »Ich hoffe und wünsche für Sie, dass noch einmal neues Leben in Ihr Haus kommt.«

Doch dieser Wunsch blieb unerfüllt. Zwei Fehlgeburten zerstörten ihn. Mutter May weinte um ihre Kinder, die sie verloren hatte. Der Vater stand erschreckt und verständnislos vor der Tatsache, dass hier Geld und Reichtum keine Macht haben, dass es Barrieren gibt, die auch für ihn nicht zu durchbrechen waren. Auch der frühere Wunsch nach nur einem Kind war mit einem Mal für das Elternpaar selbst unverständlich geworden. Hänslein blieb dem einstigen Willen seiner Eltern gemäß allein und wurde zum kleinen Herrgott, dem alle Wünsche von den Augen abgelesen wurden.

Frau May ahnte, wie mir schien, den schlimmen Zustand, in dem sich ihr Kind befand. Sie erkannte, dass sie es mit ihrer abgöttischen Liebe eigentlich bestrafte. Des Öfteren sah ich sie der kleinen Kapelle zu gehen, um nachzudenken, ein wenig Trost zu finden. Sorgen quälten sie trotz aller Wohlhabenheit.

Jahre vergingen. Hänslein war zum Hans geworden. Ein neuer Lebensabschnitt hatte für ihn begonnen. Mit der Schule hatte er letztlich so weit Frieden geschlossen, dass er mit einem guten Abitur das Gymnasium verlassen konnte. Und es gab auch noch Carola, das nette Mädchen aus seiner Klasse, dem er freundschaftlich sehr zugetan war. Sie hielt immer die schützende Hand über ihn, wenn andere gegen ihn revoltierten.

Nun begannen die wilden Jahre mit ihrer übertriebenen, schäumenden Lebensfreude. Dieser stürmischen Zeit fielen mehrere Autos zum Opfer, Hans selbst trug

jedes Mal – wie durch ein Wunder – nur leichte Blessu-
ren davon.

Doch dann kam ein Tag, der ihm, dem kleinen Herrgott, Grenzen setzte. Ein neuer Sportwagen wurde ihm
zum Verhängnis. Mit hoher Geschwindigkeit und mit
ungebändigtem Übermut fuhr er mitten in eine Gruppe
von Passanten, die sich nicht mehr rechtzeitig retten
konnten. Es gab einen Toten, mehrere Verletzte und
zwei Schwerverwundete. Hans, der Unglücksfahrer,
und Carola, seine Klassenfreundin, wurden ebenfalls
lebensbedrohlich verletzt. Der zertrümmerte Wagen
hing an einem Telefonmast fest. Allein schon daran war
die Schwere des Unglücks zu erkennen, das Hans, den
das Leben stets in reichem Maße verwöhnt hatte, her-
beigeführt hatte.

Die Ärzte taten ihr Möglichstes, um das Leben dieser
beiden jungen Menschen zu retten, die jetzt mit dem
Tode kämpften.

Familie May belastete dieses Unglück auf erschre-
ckende Weise. Während der Vater alt und gebrochen
umherschlich, wurde das Haar der Mutter in dieser
Zeit schneeweiß. Sichtbare Zeichen ihres schweren
Schicksals und die Angst um das Leben ihres einzigen
Kindes.

Der Strom der Zeit stand nicht still. Wieder waren Jahre vergangen. Hans May war nach langer ärztlicher Betreuung mit dem Leben davongekommen. Carola, das
attraktive junge Mädchen aber, blieb für immer quer-
schnittgelähmt.

Hans besuchte sie häufig, brachte Blumen und Ge-
schenke. Es war ihm anzusehen, dass er unter dieser
Tragödie und vor allem unter seinem schlechten Gewissen litt, erklärte mir Carolas Mutter.

Dieses Unglück hatte Hans May geprägt. Carolas Anblick war eine harte Strafe für ihn, die er unabwendbar zu tragen hatte. Aus dem selbstbewussten kleinen Herrgott war ein stiller, in sich zurückgezogener junger Mann geworden.

Schließlich hatte Hans geheiratet. Ein Mädchen, das Carola sehr ähnlich war, wurde seine Frau. Er übernahm den väterlichen Betrieb und führte ihn mit großem Erfolg. Der Einfluss seiner tatkräftigen, warmherzigen Frau hatte daran einen wichtigen Anteil.

Aber auch Carola, die durch ihn ein schweres Schicksal zu tragen hatte und dieses in bewundernswerter Weise annahm, hatte dazu beigetragen, dass der kleine Herrgott – zu dem ihn seine Eltern durch ihre übertriebene Liebe gemacht hatten – nun zum Umdenken gezwungen war.

Später kam ich noch mehrmals in das schöne Haus am Hang, denn das Schicksal wollte es, dass vier gesunde, fröhliche Enkelkinder den leidgeprüften Großeltern wieder ihren Lebenssinn und Lebensmut zurückgaben.

Abenteuer Geburt

»Eine Modenschau?«, fragte ich mein Gegenüber etwas erstaunt und auch etwas ratlos. »Was soll ich, die wenig modebewusste Landhebamme, bei einer Modenschau?«

Es fehlten mir die finanziellen Mittel, vielleicht auch das Interesse für eine solche Art der Unterhaltung.

Nein, das ist nichts für mich, war mein Gedanke. Da hörte ich Frau Dohm, die Frau eines unserer Krankenhausbelegärzte, die mein Desinteresse wohl spürte, sagen: »Begleiten Sie mich nach München, Sie werden interessante Leute kennen lernen, wunderschöne Kleider entdecken und alles, was so dazu gehört, sehen. Das wird bestimmt ein großartiges Erlebnis.«

Mich interessierten weder fremde Leute noch Kleider, die ich mir nicht kaufen konnte, noch die Reise nach München.

»Zurzeit ist keine Vollmondphase, in der die Babys purzeln, Sie können getrost meine Einladung annehmen«, ermunterte mich Frau Dohm, die elegante, vornehme Dame.

Diese Einladung gefiel mir gar nicht. Doch sollte ich mich nicht geschmeichelt fühlen, ein solches Angebot von einer so bedeutenden Persönlichkeit unserer kleinen Stadt zu bekommen? Der Höflichkeit halber antwortete ich: »Danke für Ihre Einladung, ich nehme sie gerne an.«

Nun war mein Schicksal besiegelt. Mein Mann aber war mit meiner Zusage nicht ganz einverstanden und meinte: »Das ist eine Nummer zu groß für dich. Neben einer Frau Dohm kannst du sowieso nicht bestehen. Bleib lieber daheim.«

Da ich aber die Einladung bereits angenommen hatte, wollte ich zu meinem Wort stehen. Ich kam in Kreise, die mir fremd waren, ich wurde Leuten vorgestellt, deren Namen mir nichts bedeuteten und die ich ohnehin nicht behalten konnte. Ein Gewimmel von stilbewussten Damen, die alle Kleider nach der letzten Mode und teuren Schmuck trugen – eine für mich völlig fremde Welt.

Ich wartete also gespannt, was auf mich zukommen würde. Und dann begann, was man so im Allgemeinen Modenschau nennt.

Überaus schlank, um nicht zu sagen mager, tänzelten die Mannequins über den Laufsteg, gekonnt, hundertmal geübt, präsentierten sie Kleider, die ich wahrscheinlich nie tragen würde, weil sie in ihrer Ausgefallenheit nur zu den entsprechenden Damen passten.

Da wurde ich von meiner Begleiterin auf das Mannequin aufmerksam gemacht, das soeben über den Laufsteg schwebte. »Das ist Ilse, unsere Jüngste, die Sie ja kennen. Wie gefällt sie Ihnen?«

Mit einem Kopfnicken gab ich meine Bewunderung zu erkennen. Dabei dachte ich aber vor allem an das eng anliegende Kleid, das sie graziös und mit ausgesprochener Anmut trug und das ihre Figur ganz besonders betonte. Doch ich wunderte mich auch, dass dieses überschlanke Geschöpf nicht zusammenbrach.

Viel später sollte ich mich an diese junge Dame erinnern, deren Fliegengewicht mich schon damals nachdenklich machte, da ich mir nicht vorstellen konnte, wie dieser abgemagerte Körper zum Beispiel die Strapazen einer Geburt überstehen könnte.

Als hätte Frau Dohm meine Gedanken erraten, stellte sie an mich die Frage: »Wie finden Sie Ilse? Sie hat doch eine tolle Figur!«

Ich hätte vielleicht einfach meine Begeisterung für Ilse und ihren Körper aussprechen sollen, doch stattdessen antwortete ich: »Ein wenig zu schlank, meine ich, wenn ich an die Gesundheit der jungen Dame denke.«

Nach kurzer Überlegung antwortete Frau Dohm: »Ilse hat für ihre Traumfigur sehr viel geopfert. Aber nun ist sie die Erste, die Beste in diesen Kreisen. Ihr steht noch eine große Karriere bevor.«

Doch war diese große, einmalige Karriere, die den Mannequins manchmal sehr viel abverlangt, mit einem Schlag beendet – trotz der traumhaften Figur und der erstklassigen Chancen, die sie zu haben glaubte.

Ilse hatte geheiratet. Aber dies allein wäre kein Hindernis gewesen, die Karriereleiter hochzuklettern. Ein Kind, das sich schon bald angekündigt hatte, stellte ihre hoch gesteckten Pläne in Frage.

Der Familienrat wurde einberufen, um dieses besondere, aber unvorhergesehene Ereignis in allen Einzelheiten zu besprechen. Auch ich, in meiner Eigenschaft als Hebamme, wurde in diese außergewöhnliche Diskussion mit einbezogen.

»Ein bisschen fülliger ist sie geworden, unsere Ilse«, meinte mit leisem Bedauern die zukünftige Großmutter.

»Ja, das liegt in der Natur der Sache«, antwortete Doktor Dohm, der werdende Großvater, pragmatisch.

Es entstand eine lange Debatte um diese Schwangerschaft, die aber auch gute Ratschläge für Mutter und Kind, zu Babypflege und Erziehung, zum Verhalten der werdenden Mutter vor und während der Geburt beinhaltete. Empfehlungen von Fachbüchern, herausgegeben von Professor A und Doktor B, die den neuesten Stand der Geburtshilfe nahe bringen, wurden ausgesprochen – Pflichtlektüre für jede werdende Mutter, hieß es.

Schließlich, wie sollte es anders sein, diskutierte man den Speiseplan in allen Einzelheiten, damit Ilses tolle Figur nach der Geburt erhalten blieb, und, und … Ein Gewirr von belehrenden Worten, von überdrehten Fragen und Antworten, die nicht selten auf unfachlichem Wissen basierten und denen ich stumm zuhörte.

Jeder wollte reden, jeder sich profilieren und sich mit seiner Meinung Gehör verschaffen. Eine Diskussion über Schwangerschaft und Geburt auf intelligenter Ebene, auf hohem Niveau, der Ilse, die werdende Mutter, ängstlich staunend und verständnislos folgte. Sie wusste bald nicht mehr, was sie alles beachten sollte, wenn das Abenteuer Geburt über sie hereinbrach.

Unwillkürlich musste ich an meine Landfrauen denken, die eine Geburt als eine Unterbrechung ihrer täglichen Pflichten betrachten, eingebunden in den natürlichen Kreislauf von Kommen und Gehen.

Nach vielem Gerede und klugen Worten wurde auch ich um meine Meinung und meine Erfahrungen zu diesem aufregenden, außergewöhnlichen Ereignis gefragt. Ich gab meine Ratschläge in einfachen, unkomplizierten Worten – so, wie ich es immer tat. Schwangerschaft und Geburt sind natürliche Vorgänge, die nicht als Krankheit anzusehen sind.

Also war mein Rat zu diesem bevorstehenden Ereignis: »Nehmen Sie diese Zeit mit ihren kleinen Beschwerden gelassen, gehen Sie einer Beschäftigung nach, essen und trinken Sie in normalem Maße und wozu Sie Lust haben. Was die spätere Pflege des Kindes angeht, dazu brauchen Sie keine Fachliteratur, denn eine Mutter tut naturgemäß das Richtige für ihr Kind.

Vor allem aber: Freuen Sie sich auf Ihr Kind, verdrängen Sie Ihre Ängste, damit es ein gesunder, fröhlicher Mensch wird.«

Trotz der einfachen Worte inmitten dieses gebildeten akademischen Kreises fand meine Meinung Aufmerksamkeit.

Ilse hatte nun die Hälfte ihrer Schwangerschaft mit einigen Unannehmlichkeiten wie Übelkeit, Bauch- und Rückenschmerzen überstanden. Das Gejammer aber über ihre unförmige Figur, unter der sie am meisten litt, wurde täglich schlimmer.

Meine häufig erbetenen Besuche konnten Ilse die körperlichen, naturbedingten Beschwerden weder abnehmen, noch vermochten sie diese zu reduzieren. Ich konnte sie nur trösten und zu Geduld ermahnen.

Doch die Monate erschienen Ilse lang, viel zu lang, um sich in Geduld zu üben. Die ersten Kindsbewegungen waren ein besonderes Ereignis, und sogleich wurde die Verwandtschaft davon unterrichtet, damit sie daran Anteil nehmen konnte. Ilse glaubte, dass diese Nachricht von allen mit Begeisterung aufgenommen wurde. Nur Doktor Dohm schüttelte den Kopf mit der brummenden Bemerkung: »Verrückt, einfach verrückt diese Weiberleut.«

Dann kamen nach langem, ungeduldigem Warten eines Nachts die ersten Wehen. Doch dieses Kind wollte nur melden, dass es sich langsam auf seinen Weg in das eigentliche Leben machte. Fehlalarm also.

Es folgte wieder eine Zeit des Wartens, der Ungeduld, der Nervosität. Und besonders meine Geduld wurde durch zahlreiche unnötige Hausbesuche strapaziert.

Wie würde diese Geburt, der jetzt schon so viel Aufmerksamkeit geschenkt wurde, enden? Ich machte mich auf allerhand unerfreuliche Dinge gefasst.

Dann endlich war die Zeit dieser besonderen Schwangerschaft zu Ende gegangen, und das Abenteuer Geburt konnte beginnen.

Von einer Hausgeburt hatte ich abgeraten, weil ich das unkontrollierte Verhalten dieser werdenden Mutter ahnte. Obwohl keine Komplikationen vorauszusehen waren, stellte die Geburt des Kindes doch hohe Anforderungen an alle Beteiligten.

Endlich war es so weit. Alarmbereitschaft bei der Verwandtschaft, denn Bruder, Onkel, Vetter, Neffen – alle Ärzte – sollten in das Geschehen mit einbezogen und telefonisch herbeigeholt werden, um bei diesem Ereignis dabei zu sein. Man wollte auf alle Eventualitäten vorbereitet sein.

Ich dagegen winkte ab. Als auch Doktor Neumann meine Meinung vertrat, fand man sich – wenn auch etwas gekränkt – mit dem Unabänderlichen ab. Auch Ärzte hätten hier nur abwarten können, Komplikationen gab es ja vorerst keine.

Fünfundzwanzig Stunden stand ich nun schon an Ilses Kreißbett, und wir warteten immer noch auf den ersten Schrei des Kindes, das sich auf seinem Weg ins Leben so viel Zeit lassen wollte. Verkrampfungen und Verspannungen führten trotz Medikamenten zu einer Blockade des natürlichen Ablaufes, denn die werdende Mutter war nicht bereit, sich in das Unvermeidliche zu fügen, den notwendigen Schmerz anzunehmen. Doch diesem Vorgang kann keine Frau bei der Geburt ihres Kindes entgehen, er muss durchgestanden werden.

Ilse aber wollte einfach weglaufen, um diesem Grauen, wie sie mir sagte, zu entkommen. Als ich ihr die

Notwendigkeit des Schmerzes verständlich machte, war sie mit meiner Antwort höchst unzufrieden.

»Die Stunden, die nun vor Ihnen liegen, müssen angenommen werden, wenn es auch schwer fällt. Und ich werde Ihnen dabei helfen, so gut ich kann. Denken Sie immer daran, dass dieser Schmerz mit einem hohen Preis belohnt wird.«

Ilses Ungeduld war immer größer geworden. Sie war in ständiger Abwehr gegen sich selbst, ein äußerst bedenklicher Umstand.

Ein Kaiserschnitt wurde in Erwägung gezogen, um die Geburt vorzeitig zu beenden. Doch Ilse wehrte sich gegen diese Maßnahme, eine Narbe würde ihren wohlgeformten Körper zerstören.

Zum besseren Verständnis für meine Ausführungen möchte ich mir an dieser Stelle eine Bemerkung erlauben und in meine Geschichte einbringen. Denn man muss wissen, dass damals im Vergleich zu heute bei diesem operativen Eingriff eine andere Schnittführung üblich war, deren Narbe deutlich sichtbar blieb und deshalb als letzter Ausweg bei einem schwierigen Geburtsverlauf angesehen wurde.

Wieder wurde es Nacht. Die zukünftige Großmutter, die glaubte, mit einem starken Kümmeltee die Geburt beeinflussen oder vielleicht sogar beenden zu können, beugte sich besorgt über ihre Tochter. Es war gewiss eine gut gemeinte Absicht, sie erwies sich allerdings als nutzlos. Nun wurde auch allmählich die werdende Großmutter von großer Spannung und Ungeduld erfasst, sodass sie geschäftig zwischen Küche und dem Bett der Gebärenden hin- und herlief, immer wieder ihren Kümmeltee anbietend, den Ilse schließlich bei der dritten Tasse mit Geschrei verweigerte. Da endlich sah die gute Großmutter die Nutzlosigkeit ihres Vorhabens ein und zog sich schmollend zurück.

Von der langen Geburtsdauer überfordert, richteten sich die Blicke der Anwesenden immer häufiger auf mich und, wie es schien, enthielten sie auch etwas Vorwurfsvolles, weil ich außer Warten nichts Besonderes unternehmen wollte und konnte.

Dass ich die Übermüdung nach den langen und angespannten Stunden des nächtlichen Wartens nur bedingt spürte, mag wohl an der Verantwortung gelegen haben, die ich zu tragen hatte. Erst später, wenn ich zur Ruhe kam, holte auch mich die Müdigkeit ein.

Durch die Fensterscheiben sah ich, wie im Osten langsam die Morgendämmerung heraufzog, und mit ihr zeichnete sich auch langsam ein Ende des Geburtsverlaufes ab.

Aber ein neues Problem kam auf uns zu und machte uns Sorgen: »Ich kann dieses Bett nicht mehr ertragen, ich will hier raus, ich will hier fort! Keine zehn Pferde können mich aufhalten«, schrie Ilse verzweifelt und sprang aus dem Bett.

Doch sehr weit kam sie nicht, denn auf der Toilette fand sie schließlich den geeigneten Platz zur Geburt ihres Kindes – sehr zum Ärger des Herrn Papa, Doktor Dohm, dem der Eigensinn seiner Tochter missfiel. Aber auch er konnte ihren bittenden Augen nicht widerstehen, und so musste aus der Not eine Tugend gemacht werden. Ich versuchte das Beste aus dieser verzwickten Situation herauszuholen, obwohl meine Arbeit dadurch sehr erschwert wurde.

Ilse hatte alle guten Ratschläge vergessen, vielmehr vergessen wollen, und ging ihren eigenen, wenn auch sehr ungewöhnlichen und impulsiven Weg bei der Geburt ihres Kindes. Was sie dazu getrieben hatte, das wusste nur sie allein.

Beim ersten Licht der aufgehenden Sonne nahm ich ein kleines Mädchen in meine Hände, das ein wenig strapaziert von seinem langen, beschwerlichen Weg den erlösenden ersten Schrei tat.

»Ein gesundes Mädchen«, sagte ich zu Ilse, die nun, befreit von ihren Qualen, ihr Kind auf meinem Arm stumm betrachtete. Ich wartete auf ein Lächeln der jungen Mutter, auf einen freudigen Ausruf, auf einen dankbaren Blick, doch nichts dergleichen geschah. Ilse blieb stumm, zeigte keine Reaktion, während wir sie von der Toilette zurück ins Bett brachten.

Ich atmete auf, da nun wieder normale Zustände herrschten, und versorgte Mutter und Kind.

»Eine unglaubliche Schinderei, dieses Kinderkriegen«, hörte ich Ilse ausrufen. »Es müsste andere Möglichkeiten dafür geben.«

»Dies ist nun mal der einzige Weg. Es hat ihn schon immer gegeben, und es wird auch immer der einzige bleiben«, meinte Doktor Neumann lakonisch.

Doch Ilse überhörte diese Bemerkung, als sie fortfuhr: »Es gibt eine Menge Ärzte in unserer Familie, und keiner ist gekommen, um mir zu helfen. Ist das gerecht? Nein, das ist es nicht. Das ist gemein!«, beklagte sich Ilse bei ihm.

Dieser schwieg. Aber in seinem Gesicht waren seine Gedanken deutlich zu lesen.

»Ist das immer so furchtbar schmerzhaft?«, wollte Ilse dann von dem Arzt wissen.

»Nicht immer«, gab Doktor Neumann zur Antwort. »Wenn es um das vierte oder fünfte Kind geht, dann wird die Sache einfacher, unkomplizierter, du wirst schon sehen.«

»Niemals!«, schrie Ilse entsetzt. »Nicht einmal ein zweites Kind – und Kümmeltee trink ich mein Leben lang keinen mehr!«

Bei dieser ungestümen Aussage, vermutete ich, wird sie mehr an ihren makellosen Körper gedacht haben, der vorübergehend an Schönheit eingebüßt hatte. Denn Ilse schwebten immer noch Laufsteg und Karriere vor Augen, und bald nahmen ihre Träume Formen an: Sie fand noch einmal den Weg dorthin.

Ilse wurde eine leidlich gute Mutter, die ihr Kind aber häufig um der Karriere willen bei der Großmutter absetzte. Letztere gab dem Kind die notwendige Liebe und Zuwendung.

Trotz Hungerkuren und aufwändigem strapaziösen Körpertraining erreichte Ilse jedoch die große angestrebte Karriere nicht mehr. Enttäuscht von dieser Wende – sie hielt sich für etwas Besonders und ganz und gar Einmaliges –, verlor sie die Freude an diesem Beruf, den sie zuvor mit so großer Begeisterung ausgeübt hatte. Sie schmollte über die Ungerechtigkeit der Welt und zog sich gekränkt vom Laufsteg zurück.

Daraufhin holte Ilse an Essen auf, was sie in den Jahren der Askese versäumt hatte, nahm an Gewicht zu und wurde immer unzufriedener. Sie trauerte der verlorenen Traumfigur nach, die sie nun nie mehr erreichen würde. Ein Gutes hatte diese Wende aber doch, denn sie konzentrierte sich nun vermehrt auf ihre kleine Alexandra, die mittlerweile schon herangewachsen war.

Doch der recht egoistische Wunsch der Mutter, dass die Tochter ihre eigene abgebrochene Karriere fortsetzen sollte, scheiterte. Alexandra zog es nicht auf den Laufsteg, obwohl sie durchaus die Fähigkeiten dazu gehabt hätte. Sie wollte lieber einen bürgerlichen Beruf, der ihr Freude machte, erlernen.

Mutter Ilse, dem ehemaligen Starmannequin, fiel es schwer, wahrzuhaben, dass die Jahre auch an ihr sichtbar geworden waren. Sie verstand nicht, dass der Laufsteg nun Jüngeren gehörte, die einmal den gleichen Weg gehen würden, den auch sie hatte gehen müssen.

Zerstörerische Liebe

Für einen Augenblick wusste ich nicht, ob ich mich wundern oder ärgern sollte über die falsche Nummer, die ich für dieses Telefonat bekommen hatte. Oder hörte ich nicht richtig?

»Strafvollzugsanstalt Bernau«, meldete sich eine männliche Stimme. Für einen Moment war es still in der Leitung, dann murmelte ich eine Entschuldigung, dass ich falsch gewählt hätte, weil ich einen Herrn Pfeiffer suchte.

»Da sind Sie hier schon richtig«, antwortete die freundliche Stimme, »doch Herrn Pfeiffer können Sie jetzt nicht sprechen. Aber wenn Sie eine Mitteilung für ihn haben, dann bitte hinterlassen Sie diese bei mir …«

So war das also. Der Vater des soeben geborenen Kindes befand sich im Gefängnis, und die Mutter des unehelichen Kindes hoffte mit dieser Nachricht seinen Besuch zu erwirken.

Tränen der Enttäuschung liefen über Claudias Wangen, als ich ihr die Botschaft überbrachte, wo dieser Herr Pfeiffer sich gerade aufhielt. Wiederum war eine Hoffnung zerstört, wie so oft in ihrem Leben. Doch nun gab es ein gemeinsames Kind, das auf beide Elternteile Anspruch hatte und Liebe nur von Seiten der Mutter bekommen würde.

Ich dachte zurück, als mir Claudia damals zu ihrer Betreuung von Amts wegen zugewiesen wurde. Ein frischer Wind aus Osten wehte an diesem Frühlingsmorgen, als ich mich auf den Weg zu ihr machte und nach ihrer Wohnung in einer entlegenen Straße der Stadt suchte. Die Betonblöcke mit ihren grauen Wänden sahen sich alle ähnlich. Ab und zu entdeckte ich ein wenig Grün und gelegentlich auch ein paar Frühlingsblumen – das Einzige, über das man sich in dieser trostlosen Umgebung freuen konnte.

Nach kurzem Suchen hatte ich Claudias Wohnung, besser gesagt, ihre Kammer, gefunden. Aus einer der vielen Türen des langen Flurs kam mir eine alte Bekannte, die Zauner-Gret, entgegen. Sie hatte mein vergebliches Klopfen an Claudias Tür gehört und wollte mir zu Hilfe kommen.

Die Zauner-Gret, ein älteres unverheiratetes Fräulein mit zwei unehelichen Kindern, war klein von Wuchs, sah schon recht verhutzelt aus und stotterte erbarmungswürdig. Trotzdem war sie jederzeit bereit, Menschen in Not zu helfen, wo immer auch Hilfe notwendig war.

»Du suchst die Claudia?«, fragte sie mich. Ohne meine Antwort abzuwarten, fuhr sie fort: »Der Claudia, der geht's gut, gesundheitlich, mein ich, die braucht dich jetzt noch net. Erst in zwei Monaten. Ja, und heut is sie wieder zu ihrem Freund gefahrn, weil sie a Geld hat, nachdem grad der Erste war.«

Irritiert betrachtete ich die Zauner-Gret, die über Claudia und ihre Lebensweise, wie es den Anschein hatte, sehr gut Bescheid wusste und ihr Wissen an mich weitergab.

»Mei, des Dirndl is a armes Luder«, erzählte sie, »hängt sich allerweil an des Mannsbild hin, den Jochen, der bei der Arbeit zwei linke Händ hat, ein Taugenichts, der immer dann zu ihr kommt, wenn der Erste im Monat is. Ein unsympathischer Kerl, ein Nichtsnutz, sag ich dir.«

Doch der Wissensschatz der Zauner-Gret war noch immer nicht erschöpft: »Jetzt soll er eine Arbeit haben drinnen in die Berg, hat mir die Claudia gesagt. Na ja, nix Gewisses weiß man net, und da fahrt sie auch allerweil hin, wenn sie a Geld hat.«

»Warum fährt sie zu ihm? Logischerweise müsste das doch umgekehrt sein«, wunderte ich mich.

Die Mitteilungen der Gret waren für mich sehr aufschlussreich. Ich konnte mir nun eine Vorstellung von dieser Claudia und ihrem Umfeld machen.

Doch alle meine Bemühungen um diese junge Frau scheiterten. Sie war nie anzutreffen, selbst dann nicht, wenn ich mein Kommen schriftlich angemeldet hatte.

Die Tür zu Claudia blieb mir verschlossen. Sie wollte keinen Kontakt mit mir. Aber spätestens bei der Geburt ihres Kindes würde sie meine Hilfe suchen und annehmen.

So kam es, dass ich eines Nachts zu Claudia gerufen wurde. Sie wollte in ihrem mehr als bescheidenen Zuhause das Kind gebären.

Die Voraussetzungen für die bevorstehende Geburt schienen mir nicht gut. Sollte dieser mir unbekannte Jochen diese Stube als die seine betrachten und sich berechtigt fühlen würde, über Mutter, Kind und Wohnung zu bestimmen, dann würden wir alle in Bedrängnis kommen. Meine Arbeit wäre aufs Höchste gefährdet. Ich hatte ein sehr ungutes Gefühl.

Daher ließ mich nicht nur Claudias äußerst bescheidenes und ärmliches Domizil – Ähnliches hatte ich schon häufig vorgefunden – von einer Hausgeburt Abstand nehmen. Ich hatte Angst, dass dieser Jochen auftauchen könnte und allein schon durch seine Anwesenheit den Geburtsverlauf stören würde. So nahm ich Claudia trotz ihres massiven Widerspruchs mit in das

Krankenhaus, wo sie die nötige Ruhe und Pflege erhalten sollte.

Schnell und ohne Schwierigkeiten kam Claudias Kind zur Welt. Es war ein Bub, den sie Tobias nennen wollte, dessen spätere Lebenschancen aber gering sein würden, weil sie auf einem niedrigen sozialen Niveau basierten.

Besorgt und bedauernd betrachtete ich dieses schöne, gesunde Kind, das kein gutes Leben zu erwarten hatte, besonders dann nicht, wenn sich die Erbanlagen des Vaters durchschlagen sollten. Gebe Gott, dass sie verborgen blieben.

Aber vorerst sollten ein Heim oder Pflegeeltern das Kind aufnehmen, weil die Mutter es nicht bei sich behalten konnte, da sie einem Mann hörig war, der sie beherrschte und dem sie sich in allen Dingen und mit letzter Konsequenz unterordnete – selbst wenn dies die Trennung von ihrem Kind bedeutete.

Vieles hatte mir die Zauner-Gret aus Claudias Leben zu berichten, aber eines wusste sie doch nicht. Dieses Eine aber erfuhr ich wenig später von Claudia selbst.

Die junge Mutter nahm meine Nachricht, dass Jochen nicht käme, stumm und regungslos entgegen. Doch in ihren Augen spiegelten sich die Trauer, das Verlassensein und sicher auch die Sorge hinsichtlich der ungewissen Zukunft für sich und ihr Kind wider. Dann kamen plötzlich die erlösenden Tränen, und ich hörte die ungewöhnliche Lebensgeschichte dieser jungen Frau, die mehr Konflikte zu bewältigen hatte, als es Freude in ihrem Leben gab.

Irgendwann war sie dem Taugenichts Jochen begegnet, an den sie sich in ihrer Einsamkeit klammerte.

Zu allem Überfluss hatte sie nun dieses Kind zur

Welt bringen müssen, das im Wege war, weil es weder sie noch der Kindsvater haben wollten.

»Und jetzt hast du mit Jochen Probleme, weil er straffällig geworden ist und weil du keine Hilfe von ihm erwarten kannst. Warum trennst du dich nicht von diesem Mann, mit dem es keine Zukunft für dich und dein Kind geben kann?«

Claudia schien nachzudenken: »Ja, warum …?«

Dann gab sie sich selbst die Antwort. »Weil ich das Leben ohne Jochen nicht ertrage, weil ich ohne ihn zu Grunde gehe, deswegen.«

»Das wirst du auch mit ihm«, versicherte ich ihr, »aber ohne ihn, und nur dann, kannst du ein neues Leben beginnen. Glaub es mir.«

»Ich brauche Jochen«, sagte sie überzeugt.

Wir schwiegen beide. Nach einer längeren Pause erfuhr ich ihr Geheimnis, das sie selbst der Zauner-Gret, ihrer Vertrauten, dem einzigen Menschen, der ihr nahe stand, nicht anvertrauen wollte.

Sie erzählte mir von den ominösen Fahrten nach Bernau, deren eigentliches Ziel niemand kannte. Sie sprach mit Tränen in den Augen, wie sie Stunde um Stunde vor dem Gefängnis stand, in der Hoffnung, vielleicht doch ein paar Worte mit Jochen sprechen zu dürfen, für einen kurzen Augenblick ihn sehen zu können.

»Manchmal ist es mir gelungen, und ab und zu habe ich mir diese kurzen Minuten mit Bitten und Tränen erzwungen. Ich wollte ihm doch so viel sagen, wie allein ich ohne ihn sei, wie sehr ich ihn vermisse, wie sehr ich mich nach ihm sehne und wie groß meine Liebe zu ihm ist. Dann saß ich«, sprach sie weiter, »eine Weile am Ufer des Chiemsees, starrte in die Wellen und sah den weißen Schiffen nach, unglücklich und verzweifelt. Ich haderte mit Gott, der mich allein gelassen hatte. Nur der See schien meine Trauer und meine Sehnsucht zu kennen. Häufig musste ich, ohne Jochen gesehen oder gesprochen zu haben, wieder zurückfahren, und alles war umsonst gewesen. Dann kam wieder dieser Zwang, der mich nicht mehr loslassen wollte, von dem ich mich nicht befreien konnte, und ich fuhr wieder und wieder, als ginge es um mein Leben, zu diesen schrecklichen Mauern, die ich stundenlang anstarrte, um dann weinend und enttäuscht zurückzukehren. Schließlich hatte ich alles Geld für diese große Sehnsucht ausgegeben und war bettelarm geworden.«

Ich war erschüttert über die Lebensgeschichte dieser jungen Frau, welche die Zwänge, in denen sie sich befand, erkannte, aber die Fesseln dieser hörigen Liebe nicht zu sprengen vermochte. Sie blieb eine Gefangene ihrer Gefühle.

Ich dachte, dass sie sich mit ihrem Kind, besonders aber unter meinen Händen und meiner Obhut, wohl fühlte, vielleicht sogar ein wenig Geborgenheit verspürte, die ihr sonst niemand gab, auch Jochen ihr nicht geben konnte.

Dann wiederum kamen Stunden, in denen sie ihr Kind kaum beachtete, auf meine Fragen nicht antwortete und mit sich selbst haderte.

Diese inneren Kämpfe kannte nur sie allein, niemand sonst. Im Laufe ihres Wochenbettes aber wurde Claudia ausgeglichener, zugänglicher, und ich hatte die leise Hoffnung, dass das scheinbar Unmögliche doch noch wahr werden könnte und sie sich meinen Argumenten öffnen würde.

Als die junge Mutter das Krankenhaus verließ, brachte ich sie und ihren kleinen Tobias nach Hause in ihre kleine Kammer. Da stand nun schon die Zauner-Gret vor der Stubentür und nahm Mutter und Kind mit leuchtenden Augen in Empfang. Mir schien, dass sie noch kleiner geworden war, die Gret, diese gute, alte Frau, die an der Not dieser jungen Mutter nicht vorbeigehen konnte.

Ich war froh über diese Begegnung, weil ich Claudia und ihr Baby fürs Erste versorgt wusste.

Dennoch betreute ich die beiden noch mehrere Tage über den zehnten Wochenbetttag hinaus, um allen eventuell auftretenden Schwierigkeiten rechtzeitig begegnen zu können. Aber Claudia und Tobias waren in guter Verfassung.

Doch schon bald wartete eine böse Überraschung auf Claudia. Jochen war aus dem Gefängnis entlassen worden und zu ihr zurückgekehrt.

Ein großer, stämmiger Mann stand mir mit nacktem Oberkörper gegenüber, der übersät war mit Tätowierungen und Narben. Seine kräftigen, muskulösen Arme, denen man am besten auswich, waren mit Spangen geschmückt, an seinem Hals aber prangte eine goldfarbene Kette, an der ein großes Kreuz hing, das zu dieser Erscheinung nicht recht passen wollte.

Die Augen des bullenartigen Mannes flackerten, als er mich ansprach: »Ich bin Jochen Pfeiffer und mit Claudia zusammen. Sie können Ihre Besuche bei uns jetzt einstellen. Ich werde mich um alles Weitere kümmern.«

Das war deutlich. Meine Gegenwart schien diesem Herrn nicht zu gefallen.

Ich antwortete ihm mit eisiger Stimme: »Trotzdem möchte ich Ihnen sagen, dass ich immer für Claudia und Tobias da bin. Sollte sie selbst Schwierigkeiten haben, oder mit Tobias etwas sein, brauchen Sie mich nur zu rufen.«

»Wir brauchen Sie nicht!«, war seine abweisende Antwort.

»Ich möchte Sie auch daran erinnern, dass Sie eine Verpflichtung für Mutter und Kind haben. Sie haben Claudia in ihrem Zustand allein gelassen, also sollten Sie wenigstens jetzt für sie da sein. Vergessen Sie das nicht!«, gab ich verärgert zurück.

»Ja, wegen eines Justizirrtums, eines Fehlurteils war sie allein«, schrie er mich mit böse funkelnden Augen an. Doch auf diese Unterstellung erwiderte ich nichts, weil die Wahrheit für Leute wie Herrn Pfeiffer ein unbekanntes Wort ist.

»Der Name meines Sohnes«, sprach er etwas ruhiger weiter, »muss auf jeden Fall geändert werden. Der gefällt mir nicht. Als Vater bestimme *ich* seinen Namen.«

»Sie irren sich«, stellte ich sachlich fest, »in Ihrem Fall bestimmt die Mutter den Namen des Kindes, nicht sein Vater. Auf Grund Ihrer Abwesenheit müssen Sie sich jetzt erst einmal offiziell zu Ihrer Vaterschaft bekennen. Es gibt schließlich Gesetze, die man zu beachten hat.«

Ich machte Jochen Pfeiffer darauf aufmerksam, dass der Name eines Kindes im Geburtsregister des Standesamtes rechtlich festgelegt wird und nur durch Gerichtsbeschluss unter Angabe von Gründen geändert werden kann. Das wäre ein kostspieliges Verfahren für diesen mittellosen Mann.

Nun meldete sich erstmals Claudia zu Wort. Wie ein ängstliches kleines Mäuschen hatte sie sich in eine Ecke verkrochen, geduckt und gedemütigt. Ein Bild des Jammers! Nur *eine* Nacht mit diesem Mann, und Claudia war eine andere geworden. Sie war nicht wieder zu erkennen.

Mit ängstlicher Stimme glaubte sie nun, sich rechtfertigen zu müssen und Jochens Recht zu unterstreichen, als sie leise sagte: »Es ist auch Jochens Kind.

Nicht ich, er hätte seinen Namen dem Kind geben sollen … Es war falsch von mir.«

Mir fiel aus Verärgerung keine Antwort zu dieser widersinnigen Erklärung ein, und deshalb schwieg ich. Ich bedauerte Claudia zutiefst, da sie von einem Mann beherrscht wurde, der ihr Freiheit und Selbstbewusstsein genommen hatte. Sie würde an dieser zerstörerischen Liebe, die nur forderte und nie gab, zu Grunde gehen.

Meine Arbeit bei Claudia und ihrem kleinen Tobias war beendet. Ich hatte mehr als meine Pflicht getan und war trotzdem mit mir unzufrieden. Es war mir nicht gelungen, Claudia zu überzeugen, dass sie sich auf einem falschen Weg befand. Ich trennte mich nur schwer von Claudia und dem kleinen Tobias, auf den ich zum Abschied noch einen letzten langen Blick geworfen hatte. Ich ahnte, unter welch unerfreulichen Bedingungen dieses Kind aufwachsen würde.

Als ich die Stubentür schloss, kam mir wieder zu Bewusstsein, wie drückend die Last meines Berufes manchmal sein kann, wenn man die Schicksale fremder Menschen mitzutragen hat. Eine schwere, aber häufig sehr undankbare Arbeit, die einen immer wieder fordert.

Ich wünschte nur, dass dieser jungen Mutter vielleicht doch noch im Namen ihres Kindes die würdelose Lage, in der sie sich befand, bewusst würde.

Noch ganz in Gedanken an das gerade Erlebte im Haus Nummer sieben am Stadtrand ging ich dem Ausgang zu, als die Zauner-Gret auf mich zukam und mich ansprach: »Mei, wirst du froh sein, dass du nimmer reingehen brauchst in des Haus. Hast mir manchmal erbarmt. Aber es wird kein Jahr net dauern, dann musst du wieder kommen, wenn das zweite Kind bei Claudia und ihrem Hallodri zur Welt will. Wirst schon sehen.

Das heißt, wenn des Dirndl derweil net vor die Hund gangen is.«

Nach der eindringlichen Bitte an die Zauner-Gret, sie möge auf meine beiden Sorgenkinder ein wenig achten, verabschiedete ich mich von dieser guten und hilfsbereiten alten Frau.

Die Zauner-Gret hatte mit ihrer Voraussage Recht behalten. Nach zehn Monaten kam Claudia wieder zu mir, um ein zweites Kind zu gebären.

»Wie geht es Tobias?«, war meine erste Frage an sie.

Ich sah, wie sie mit den Tränen kämpfte. »Tobias habe ich zur Adoption freigegeben. Jochen wollte es so.«

Jochen bestimmte nicht nur über ihr Leben, sondern auch über das des gemeinsamen Kindes und des noch Ungeborenen. So wie es aussah, würde Claudia auch dieses Kind in fremde Hände geben müssen, wenn Jochen dies von ihr verlangte. Dieser Mann terrorisierte die Menschen, die er eigentlich beschützen und für die er sorgen sollte, er zeugte Kinder, um sie dann der willenlosen Mutter wieder wegzunehmen.

Es wurde gemunkelt, dass er bei Tobias' Adoption seine Hände im Spiel hatte. Nachzuweisen war diesem gerissenen Gauner aber nichts.

Claudias zweites Kind wehrte sich, auf diese Welt zu kommen. Es gab Schwierigkeiten auf Grund einer anomalen Lage des Kindes und vermehrte Blutungen. Als das Baby schließlich das Licht der Welt erblickte, wollte es nicht richtig atmen, dem Ersticken nahe, mit einer Mutter, die von einer Wochenbettpsychose befallen wurde, was ebenfalls zu großer Sorge Anlass gab.

Lange hielt sie ihr kleines Mädchen im Arm, und es war zu sehen, dass sie dieses Kind schon jetzt auf ganz besondere Weise liebte. Ihre Gedanken über das arme kleine Wesen behielt sie aber für sich, ebenso wie ihre Trauer. Doch es war gar nicht nötig, dass sie etwas äußerte, denn ihre Tränen sagten alles über ihre verwundete Seele aus.

Die ersten Schübe der psychischen Erkrankung kamen und traten bald immer häufiger auf. In diesen Phasen dämmerte die junge Mutter nur so vor sich hin. Sie sprach kaum ein Wort, und ihr Kind, das sie so sehr liebte, wollte sie in diesen Momenten nicht sehen.

Claudia war ernstlich erkrankt, und wir hatten größte Sorge um sie. Dann standen eines Tages die zukünftigen Adoptiveltern vor der Tür und bedrängten mich, ihnen Claudias Kind zu zeigen, das sie bereits als ihr eigenes betrachteten, »weil Herr Pfeiffer es uns versprochen hat. Und mit dem Amt, da kommen wir schon klar«, meinten sie.

Ich erklärte den beiden, dass von Seiten der Mutter über eine Adoption nicht gesprochen wurde, und nur sie allein könne darüber bestimmen. Ein enttäuschtes Ehepaar verließ daraufhin ohne Gruß die Wohnung und wandte sich dem Ausgang zu.

Jochen hatte kein Bedürfnis, Mutter und Kind zu besuchen, stattdessen, so berichteten die Nachbarn, war er meist des Nachts unterwegs und kam erst gegen Morgen wieder zurück.

Die nächtlichen Aktivitäten von Jochen wurden jedoch bald polizeilich bekannt, und er kam wieder dahin zurück, woher er vor kurzem erst hergekommen war. Seine Freiheit war nur von kurzer Dauer gewesen. Bernau wurde dieses Mal für lange Zeit sein Wohnsitz.

Claudia konnte nach einem längeren Aufenthalt das Krankenhaus verlassen. Die kleine Tina, der erklärte

Liebling aller, erfreute ihre Umgebung mit ihrem Lächeln, und wir alle im Krankenhaus sahen sie nur ungern gehen.

Claudia erholte sich zu Hause von Tag zu Tag besser. In ihrer Seele wurde es langsam wieder hell, und die Freude mit ihrem kleinen Mädchen ließ sie bald ganz gesund werden.

Von Jochen sprach sie nicht mehr. Sie ignorierte seine Abwesenheit.

Für mich war es ein glücklicher Tag, der mich mit den Unannehmlichkeiten in Haus Nummer sieben aussöhnte, als Claudia mir erklärte: »Ich habe Jochen für immer vergessen. Ich will nie mehr zu ihm zurück. Der lange Krankenhausaufenthalt ließ mich mein armseliges Leben mit diesem Mann erkennen. Nicht nur, dass ich seine Sklavin war, er hat mir meinen Tobias weggenommen und mich gezwungen, die Verzichtserklärung zu unterschreiben. Diesen Schmerz werde ich ihm nie verzeihen, so lange ich lebe nicht. Er wollte mich auch bei Tina zwingen, sie zur Adoption freizugeben. Hätte ich nicht so lange im Krankenhaus bleiben müssen, so wäre auch dieses Kind für mich verloren gewesen. Ich hätte mich bestimmt willenlos und mit allen Konsequenzen ihm untergeordnet. Aber jetzt habe ich erkannt, dass Jochen mein Leben zerstört hat. Diesen Mann habe ich endgültig aus meinem Denken gestrichen. Doch Tobias, meinen kleinen Jungen, bekomme ich nicht mehr zurück …«

Bevor ich diese Geschichte zu Ende schreibe, möchte ich meine Leser noch an die Zauner-Gret erinnern. Die gute, treue, ein wenig verhutzelte alte Frau ist bald, nachdem sie die kleine Tina auf ihren Armen gehalten hatte, ganz plötzlich heimgegangen. Claudia trauerte sehr um sie, denn in ihren schweren Tagen mit Jochen war sie der gute Stern für die hoffnungslose, verzweifelte junge Frau. Wie sehr die Zauner-Gret der jungen Claudia zugetan war, ging aus ihrem Vermächtnis hervor. Ihr erspartes Vermögen, das niemand in dieser Höhe bei der Gret vermutet hätte, vererbte sie Claudia, die damit einen guten Start für einen neuen Anfang bekommen hatte. Ich weiß, dass Jochen Pfeiffer nicht mehr in Claudias Leben getreten ist, sodass sie sich für immer aus seinen Fängen befreien konnte.

Ein Kind in Angst

Auf einem Bergrücken, von dem aus man einen herrlichen Blick über das Tal, die Auen des Inns, die Kirche und das Dorf hat, steht das kleine Anwesen der Aubergers, das auch ein paar Kühe und eine Schar Hühner beherbergt. Wally, die einzige Tochter, hatte es nach dem Tod der Eltern übernommen und weitergeführt.

»Ein grundsolides Dirndl«, so hieß es allgemein, »aber überständig halt.«

Wie sollte sie auch an einen Mann kommen dort oben in der Einsamkeit und Stille. Zudem scheute die Wally Tanz und Vergnügen sowie jedes gesellige Beisammensein.

Es dauerte lange, doch endlich fand der Heiratsvermittler Felix für die menschenscheue, einsame Wally den Mann fürs Leben. Allerdings kam dabei eine mehr als enttäuschende Verbindung zu Stande.

Nach einem Jahr Ehe kam Nicki zur Welt, ein schwaches Kind, das vermehrte Pflege und Fürsorge brauchte, und nun zeigte dieser Mann sein wahres Gesicht.

Die scheue und hilflose Mutter Wally war der unvermittelt zu Tage getretenen Aggressivität ihres Ehemannes nicht gewachsen. Sie duldete und litt und fügte sich in das Unabänderliche. Dabei verlor sie den letzten Rest Vertrauen in sich selbst, ihr Selbstwertgefühl wurde vollständig zerstört, und sie machte sich zur Sklavin ihres Mannes.

Die Leute fingen zu tuscheln an, wenn Mutter und

Kind, für alle sichtbar gezeichnet von den gewalttätigen Übergriffen des Ehemanns und Vaters, zur Kirche gingen.

Nach Jahren erwartete Wally ihr zweites Kind, das sie aber im fünften Monat verlor. Den Grund für diese Fehlgeburt kannte nur sie, aber Wally schwieg.

»Mit rechten Dingen ging es bei dieser Schwangerschaft nicht zu«, munkelten die Leute im Dorf, und sie beobachteten mit Argusaugen diesen Mann, diesen »Dahergelaufenen«, der nach Meinung der Dörfler dahin zurückgehen sollte, wo er hergekommen war.

Aber nicht an Wally, die Mutter, denke ich beim Schreiben dieser Geschichte, sondern in besonderem Maße an den kleinen Nicki, der in seinen kindlichen Jahren einem gewalttätigen Vater ausgeliefert war.

Ängstlich und mit großen Augen drückte er sich in eine Ecke, wenn ich zur Wochenbettpflege kam. Schon vor einem kleinen Streicheln über seine Wange hatte er panische Angst, hob seine Arme über den Kopf, um die erwarteten Schläge abzuwehren.

Ich war erschüttert. Das Leben dieses Kindes war die Hölle auf Erden. Lange überlegte ich deshalb, was zu tun wäre, um das Kind daraus zu befreien und es von seinen Ängsten zu erlösen, ohne es von der Mutter trennen zu müssen.

An einem der letzten Wochenbetttage kam es zum Eklat. Nicki war nirgends zu sehen. Meine Frage nach ihm beantwortete die Mutter stumm mit einem Achselzucken. So machte ich mich auf die Suche und fand Nicki in einem ganz erbärmlichen Zustand unter der Treppe in einer Art Verlies, das mit einem Holzgitter abgesperrt war.

»Lass bloß den Nicki da drin, mein Mann wenn kommt, um Gottes willen, wenn der des sieht, dass du

98

den rauslasst«, hörte ich Wally ängstlich ausrufen. »Mich wird er schon net umbringen, dein liebenswürdiger Gatte«, antwortete ich ärgerlich, »du aber solltest mehr Mut zeigen, nicht ständig vor ihm auf die Knie fallen und deine Augen zumachen, wenn es um Nicki geht.«

Selbstverständlich holte ich Nicki sofort aus seinem Gefängnis. Ganz verschüchtert und zitternd stand das Kind vor mir. Noch nie in meinem Leben hatte ich so viel Mitleid wie mit diesem Jungen, dem die Angst beinahe den Atem nahm.

Wally wollte mich gerade bitten, Nicki wieder in sein Gefängnis zurückzubringen, als der Vater zur Tür hereintrat. Zum Reden kam der Mann jedoch nicht mehr, denn das, was er sich jetzt von mir anhören musste, verschlug ihm die Sprache.

Nicki, das psychisch schwer gestörte Kind, wurde in ärztliche Behandlung gegeben und anschließend zu seiner vollständigen Genesung in ein Kinderkrankenhaus gebracht, damit es hier vergessen lernte, was ihm von seinem Vater angetan wurde.

Für Nickis Vater kamen jedoch schwere Zeiten. Er musste sich für sein Verhalten vor Gericht verantworten, alles Winden und Drehen half ihm nichts. Nickis kindlichen Worten wurde geglaubt.

Mutter Wally aber würde auch heute noch vor ihrem Ehemann zu Kreuze kriechen, wenn er nicht durch einen Unfall ums Leben gekommen wäre.

Dann habe ich Nicki und seine Mutter aus den Augen verloren, doch auch wenn ich ihr weiteres Leben nicht kenne, so ist der Auberghof auf Grund dieser unrühmlichen Begebenheiten vor meinem inneren Auge lebendig geblieben.

Auf die schiefe Bahn geraten

Nach einem kühlen, regnerischen Frühling entfaltete sich der Sommer mit einer Fülle und Pracht an Blumen und Blüten. Die Sonne verwöhnte die Menschen mit ihren warmen Strahlen.

Ich hatte noch ein wenig Zeit, um diese Schönheit in mich aufzunehmen, denn das Standesamt, auf dem ich eine Geburtenmeldung vorzunehmen hatte, sollte erst in wenigen Minuten öffnen. So betrachtete ich die roten Rosen, die das Eingangstor eines Hauses umrankten, und erfreute mich ihrer Zartheit und des wunderbaren Duftes, den sie verströmten.

An einem der offenen Fenster dieses Hauses fiel mir ein junges Mädchen auf, das auf der Fensterbank sitzend ihre beiden angezogenen Beine umfasste und mit ihrem Gegenüber auf der andern Straßenseite stumme Zwiesprache hielt. Ein junger Mann schien ihr Gesprächspartner zu sein, der nun mit einer Hand gestikulierte und dem Mädchen damit etwas Wichtiges sagen wollte. Das junge Mädchen schien diese Art Verständigung zu kennen, denn sie antwortete ihm in der gleichen Weise.

Nach kurzer Überlegung schüttelte sie ihr langes, offenes Haar und bekundete ihrem stummen Gesprächspartner, dass sie mit der Zahl fünf ihrer Finger seine Frage beantwortet hätte. Mit einem Kopfnicken bedeutete dieser ihr dann sein Einverständnis. Daraufhin schloss sie ihr Fenster und verschwand im Haus.

Eine Verständigung von ganz eigener Art, überlegte

ich, machte mir darüber aber nicht länger Gedanken. Und schon bald hatte ich diesen Vorfall vergessen. Doch dann ereigneten sich Dinge, mit denen ich mich auf Grund meines Berufes auseinander setzen musste und wodurch mir die Zeichensprache dieser beiden jungen Leute verständlich wurde.

Wieder einmal war ich auf dem Heimweg von einer Hausgeburt, die sich sehr lange hingezogen hatte. Es war spät geworden, und die Dunkelheit breitete sich über die Stadt und ihre Bewohner aus.

Die laue Sommernacht aber verlockte die jungen Leute, lange noch nicht nach Hause zu gehen, sodass Straßen und Plätze mit Leben erfüllt waren. Ein junges Mädchen mit langem, offenem Haar und hochhackigen Schuhen, die ihr sichtlich das Gehen zur Qual machten, stelzte hüftschwingend im Minirock die Straße auf und ab, blieb dann wieder kurz stehen und blickte abwartend um sich.

Es war nicht schwer zu erraten, welcher Arbeit diese junge Dame nachging. Wer mag sie wohl sein, dieses junge Mädchen mit dem noch kindlichen Gesicht, und warum sucht sie sich gerade diesen Weg aus? War es vielleicht sogar eines »meiner Kinder«?

Als ein Auto vorbeifuhr, sah ich sie im Lichte des Scheinwerferkegels genauer und wollte, als ich sie erkannte, zunächst nicht glauben, dass es sich dabei um das kleine Mädchen Maria-Therese handelte, dem ich damals bei Schneesturm in einer eisigen Winternacht oben im Schwalbennest zum Leben verholfen hatte. Zudem musste ich erstaunt feststellen, dass es auch gleichzeitig jenes junge Mädchen vom Haus mit dem rosenumrankten Eingangstor war, das mit ihrem stummen Gegenüber wortlos Zwiesprache gehalten hatte.

Nun wurde mir der Vorgang von damals in seiner ganzen Bedeutung klar und auch, dass die fünf Finger ihrer erhobenen Hand eine sehr nüchterne Botschaft waren. Denn Verabredungen dieser Art dienten ausschließlich ihrem Lebensunterhalt.

Es fiel mir schwer, Maria-Therese anzusprechen, und doch ging ich auf sie zu, um sie zu fragen: »Weiß deine Mutter von deiner so genannten Arbeit?«

»Iwo, muss die denn alles wissen«, gab sie mir, ohne über meine Frage verwundert zu sein, zur Antwort.

»Ist das deine richtige Arbeit, oder machst du das nur nebenberuflich?«, fragte ich weiter.

»Na ja, zwischendurch arbeite ich, wenn ich Gelegenheit und Lust dazu hab, aber sonst …«

»Hast du denn keine Angst, dass du mit der Polizei Schwierigkeiten bekommen könntest?«, gab ich zu bedenken.

Maria-Therese musste nicht lange überlegen.

»Man soll sich nie erwischen lassen«, kam ihre Antwort wie aus der Pistole geschossen. »Das Leben ist eh besch…«

Damit drehte sie sich um, wollte erneut ihre Netze auszuwerfen. Frech, fast schon vulgär war ihre Sprache – ganz ihrem Auftreten angepasst. Sie hatte sich in ein soziales Milieu begeben, das so gar nicht ihrem einfachen, christlichen Elternhaus entsprach.

Maria-Thereses Geschäfte schienen gut zu laufen. Denn als ich sie kurze Zeit später wieder sah, hatte sie ihr Äußeres gründlich verändert und ganz auf ihre Arbeit abgestimmt. Ihren makellosen Körper verstand sie durch entsprechende Kleidung zum Blickfang männlicher Augen jeden Alters zu machen. Ihre Kleidung war dementsprechend auffallend, und auch mit ihren hochhackigen Stiefeln schien sie keine Schwierigkeiten mehr zu haben. Ihr braunes Haar hatte sie in ein kräftiges Rot verwandelt, und grell geschminkte Lippen sowie ein dickes Make-up vervollständigten ihre Erscheinung.

Maria-Therese verstand es, sich überaus gekonnt ins rechte Licht zu rücken. Ihre Gäste schienen meist betuchte Leute zu sein, und das 5-DM-Geschäft von damals gehörte der Vergangenheit an.

Aus dem hübschen kleinen Mädchen von einst, das auf jeden mit einem fröhlichen Lächeln zuging, war eine mondäne junge Frau in zwielichtiger Umgebung geworden.

Wieder war etwas Zeit vergangen, und ich hatte Maria-Therese lange nicht mehr gesehen. Ob sie vielleicht ihren Wohnort gewechselt hatte? Und wenn ja, warum wohl?

Aber dann kam eines Nachts eine stark blutende junge Frau, die über große Schmerzen klagte, in unser Krankenhaus. Ungeschminkt, ihr langes Haar zusammengebunden, erkannte ich in ihr Maria-Therese, das einst so liebe kleine Mädchen, das ich in mein Herz geschlossen hatte.

»Ich wusste, dass ich Sie hier finden und in Ihre Hände kommen würde«, begrüßte sie mich. »Sie werden mir helfen, das weiß ich. Auch wenn Sie mich nicht mehr mögen, weil ich nicht mehr das nette Dirndl von früher bin …«

Ihre Stimme klang bittend, und auch ihre Ausdrucksweise hatte sich verändert, denn sie brachte alles in einem höflichen Ton vor.

»Ich werde dir immer helfen, auch wenn ich dich lieber unter anderen Bedingungen hier gesehen hätte«, antwortete ich ihr ernsthaft.

Maria-Thereses Hände suchten bei mir Halt. Sie hatte anscheinend niemanden sonst, von dem sie Stütze erwarten konnte.

»Bleiben Sie bei mir, verlassen Sie mich nicht!«, wiederholte sie ihre flehentliche Bitte an mich.

Kurz darauf, schweißtriefend vor Angst, ihre dunklen Augen in die Ferne gerichtet, brachte Maria-Therese einen Fötus, der sich bereits in einem fortgeschrittenen Wachstumsstadium befand, zur Welt. Eine winzige Bewegung der kleinen Hand, ein angedeuteter kurzer, krächzender Ton, Reflexe, die das Gemüt bewegen – und dann wurde es still, beängstigend still.

Maria-Therese fing bitterlich an zu weinen. Um ihr Kind? Über den falschen Weg, den sie eingeschlagen hatte? Oder über den Verlust aller menschlichen und sozialen Werte?

Ich versuchte sie zu trösten, und als sie sich dann etwas beruhigt hatte, fragte ich: »In welche zerstörerischen Hände bist du geraten?«

Dies sollte keine Anklage sein, im Gegenteil, angesichts ihres geschundenen Körpers empfand ich großes Mitleid.

Ein wenig aggressiv gab mir Maria-Therese zur Antwort: »Eher beiß ich mir die Zunge ab, bevor ich einen Namen nenne, auch Sie werden ihn von mir nicht erfahren. Sie schon gar net, obwohl ich Sie mag. Aber in ein Schlamassel mag ich auch net reinkommen.«

Noch zweimal kam Maria-Therese zu mir, um sich helfen zu lassen, und immer befand sie sich in einem lebensbedrohlichen Zustand. Daher warnte ich sie bei einer dieser letzten Begegnungen eindringlich: »Irgendwann wirst du wieder in dieses Haus kommen, es aber nicht mehr verlassen können.«

Da sah sie mich mit großen, erstaunten Augen an,

nahm meine Hände in die ihren und hielt sie lange fest. Schließlich verabschiedete sie sich mit einem »Danke für alles« von mir.

Aber Maria-Therese kam nicht mehr. Sie hatte einen anderen Weg gefunden, um ihren »Beruf«, wie sie ihre Arbeit immer noch nannte, ohne Folgen ausüben zu können. Doch Eingriffe dieser Art verlangen ihren Tribut von der sorgsam gepflegten Schönheit und vor allem von der Gesundheit, die dadurch herausgefordert wird.

Erst viel später erfuhr ich, dass Maria-Therese wieder mit den Hüften schwingend die Straße auf und ab stolzierte. Und wieder war sie gut im Geschäft. Es lief sogar so gut, dass sie bald in der Lage war, sich ein Auto zu leisten, mit dem sie ihr Image noch erheblich verbessern konnte.

Mutter Zenz blieb das Gemunkel über das Leben ihrer eigenwilligen Tochter nicht verborgen. Eines Tages sprach sie mich deswegen an, wollte mir ihr Herz ausschütten und ein wenig Anteilnahme und Trost über den sündhaften Lebenswandel ihrer Tochter von mir erfahren.

»Die kommt mir nicht mehr ins Haus«, war ihre erste heftige Reaktion, und sie klang dabei sehr bestimmt. Aber Maria-Therese kam trotz Verbot gelegentlich ins Schwalbennest, stets gut gelaunt und mit Geschenken, da sie wusste, dass sich der Zorn der Mutter mit schönen Dingen immer wieder beschwichtigen ließ. Das bedeutete aber nicht, dass sich die Zenz dadurch bestechen ließ oder deshalb nicht den außergewöhnlichen Weg ihrer Tochter erkannte.

»Was werden die Leut sagen und erst der Herr Pfarrer, dass wir so a verkommenes Dirndl haben?«, jammerte sie.

Mutter Zenz wollte sich mit dem sündhaften Leben ihrer ältesten Tochter nicht abfinden. Sie konnte jedoch nicht ahnen, dass bald noch mehr Ängste und Sorgen auf sie zukommen würden, denn auch ihre Zweitälteste, die hübsche Maxi, schlug den Weg der Sünde ein. Das war nun zu viel für die Zenz.

»Hebamm«, sagte sie verbittert zu mir, »was hab ich verbrochen, dass ich so verkommene Dirndl haben muss? A Schand is so was, ich kann ja nimmer unter die Leut gehen.«

Nach kurzem Nachdenken fuhr sie fort: »Des möcht ich jetzt sehen, ob ich der die Flausen net austreiben kann.«

Erzürnt machte sie sich auf den Weg zu ihrer Maximiliane, die von allen nur Maxi gerufen wurde, um wenigstens ihr Anstand und Sitte beizubringen, denn bei Maria-Therese, so glaubte die Zenz, war eh schon Hopfen und Malz verloren.

Es gelang ihr, Maxis Wege auszukundschaften, sie zu beobachten, um schließlich eingreifen zu können. Dabei jedoch ging sie nicht sehr zimperlich mit ihrer missratenen Tochter um, denn an deren Verletzungen war anschließend leicht zu erkennen, dass die Zenz ihre Hände schlagkräftig einzusetzen verstand.

Maxi begegnete mir tags darauf mit einem blauen Auge und weiteren Verletzungen im Gesicht und an den Armen. Auf meine Frage, ob sie gefallen sei, antwortete sie: »Nein, die Mama hat mich so zugerichtet.«

Von Vater Felix war hinsichtlich der Erziehung seiner Töchter wenig zu erwarten: »Da misch ich mich net ein«, war seine Auffassung. Doch die Zenz tobte, weil sie nicht wahrhaben wollte, dass zwei grundanständige Leute, wie Felix und sie es waren, so ungeratene Töchter haben konnten.

»Wem die nachgeraten, von wo sie des herhaben«, war ihre besorgte Frage an mich. »Von mir und dem Felix net, nein, gewiss net«, betonte sie nochmals, um Moral und Anstand der Eltern zu unterstreichen.

Trotz der Prügel ihrer Mutter, die Maxi längst verwunden hatte, da diese Erfahrung nicht neu für sie war, ging sie, gleich dem Vorbild der großen Schwester, ihren eigenen Weg. Der Kummer der Mutter und das Gerede der Leute interessierten sie nicht.

»Es ist mein Leben«, war ihre Devise.

Doch als Konkurrentin ihrer Schwester war sie dieser bald ein Dorn im Auge. Es kam zu einer erbitterten Rivalität, die Maxi veranlasste, sich nach einem anderen Betätigungsfeld umzusehen.

Dass ihre Arbeit florierte, erkannte ich, wenn sie immer wieder mit Blutungen, Fehlgeburten und einem zermarterten Körper ins Krankenhaus kam.

»Lohnt sich das alles?«, fragte ich Maxi.

Sie muss mich missverstanden haben, da sie antwortete: »Na ja, im Eisenbahnbereich tut sich immer etwas, Fahrgäste, die eine längere Wartezeit haben, Eisenbahner und wer sonst noch den Weg zu uns findet – es läuft recht gut.«

»Das nennst du gut? Also, wenn ich an deine Gesundheit denke, kann ich das nicht gerade gut nennen. Ich würde dir dringend raten, mit dieser Arbeit aufzuhören. Es gibt doch noch andere Möglichkeiten, Geld zu verdienen, denn über einen längeren Zeitraum wirst du das nicht mehr verkraften. Sieh dich doch an, in welch schlechtem Zustand du heute wieder zu uns gekommen bist!«

Noch einige Male musste ich mit ansehen, wie Maxi ihre Gesundheit und ihr Leben aufs Spiel setzte und wie sie jedes Mal geschundener nach Hause ging.

Dann kam sie nicht mehr, denn sie machte Pause – so sagte man mir jedenfalls.

Vielleicht hat sie doch noch ein Einsehen mit sich und ihrer Gesundheit, hoffte ich. Aber eine Begegnung mit ihr an einem Ort, an dem ich sie nie gesucht oder vermutet hätte, gab mir zu denken, denn ich traf sie in der Kirche an.

Nach dem Gottesdienst wartete ich auf sie, um mit ihr sprechen zu können. Sie sah elend aus.

Maxi muss meine Gedanken erraten haben und antwortete auf meine Frage, wie es ihr ginge: »Nicht besonders gut, ich habe eine starke Grippe, und ich gehöre eigentlich ins Bett. Aber heut hat es mich in die Kirche gezogen.«

»Ja, warum denn?«, wollte ich wissen.

»Ich weiß es nicht.«

Vielleicht wollte sie hier in der Kirche ihre Gedanken ordnen, ein wenig zu sich selber finden, jetzt, da sie sich krank fühlte, oder ahnte sie etwa gar ihr bevorstehendes Schicksal?

Wenn ich ihre tief liegenden, apathischen Augen betrachtete, hatte ich an dieser vermeintlichen Grippe meine Zweifel. Und ich sollte Recht behalten …

Maxi starb bald nach unserem Gespräch – einsam, allein, ohne dass jemand bei ihr gewesen wäre in ihren letzten Stunden.

Auf einer schäbigen Matratze, umgeben von ihren Puppen, die noch aus dem Schwalbennest stammten, fand man sie.

Ein trauriges Leben war zu Ende gegangen. Eine Grippe sei die Todesursache gewesen, hieß es offiziell. Aber niemand glaubte daran.

Weinend, jedoch gefasst nahm Mutter Zenz den Tod

ihrer Tochter hin, und als sie wieder einmal zu mir kam, berichtete sie mir von Maxis Ableben.

»Jetzt hat sie es, weil sie auf mich net gehört hat, 's Dirndl.«

Dennoch konnte ich in ihren einfachen Worten die tiefe Trauer um ihr Kind erkennen. Maxi hatte viel zu früh sterben müssen, und dies nur, weil sie glaubte, ihren eigenen, ungewöhnlichen Lebensweg gehen zu müssen.

Wenig später wurde Maxis Betätigungsfeld durch eine Polizeiaktion aufgelöst.

»Ja, wussten Sie das denn net, dass da unerlaubte Geschäfte gelaufen sind, da draußen am Bahnhof?«, wurde ich gefragt. »Und dass die Nutten alle rausgeflogen sind?«

Erstaunt hörte ich von den Ereignissen, welche die Gemüter bewegten. Mehrere Frauen ereiferten sich gleichzeitig hoch erregt, die Zustände im Eisenbahnbereich zu schildern. »Erst als die Eisenbahner-Weiber dahinter gekommen sind, dass ihre Männer des Geld in den Spelunken durchgebracht haben, obwohl es da auch net anders is als daheim, da hat's zuerst Krach geben, und dann is es still worden, da oben am Bahnhof.«

Eine längst fällige Aktion zu Gunsten der aufgerüttelten Ehefrauen, die sich ihren Frieden mit lauten Worten erkauft hatten.

Aber nicht nur am Bahnhof war Ruhe eingekehrt, auch Maria-Therese wurde gezwungen, ihren dubiosen Arbeitsbereich zu räumen.

»Macht mir nix aus, ich geh ja nach München«, war ihre lapidare Antwort, als ich sie darauf ansprach.

»Was sagst du zum Tod deiner Schwester?«, wollte ich wissen.

»Ja mei, des is halt a Risiko, des man tragen muss.

Aber vielleicht hat sie wirklich bloß a Grippe gehabt. Aber Sie, als Hebamm, Sie werden schon mehr wissen, weil Sie die Maxi besser gekannt haben als ich.«

Maria-Therese machte ihre Aussage wahr und reiste nach München. Niemand wusste, ob sie weiter im Bereich der Prostitution gearbeitet hat.

Einmal noch kam zu Weihnachten ein Kartengruß an ihre Mutter mit den kurzen Worten: »Ein frohes Fest – Eure Maria-Therese.«

Seitdem fehlt jede Nachricht von ihr, erzählte mir Zenz, die Mutter. Lebt sie noch? Ist sie verschollen? Niemand weiß es.

Inzwischen sind viele Jahre vergangen. Das Schwalbennest hat längst der Sturm geknickt, es ist baufällig geworden. Doch immer, wenn mein Blick auf die Ruine des Schwalbennestes fällt, erinnere mich an die Kinder, denen ich da oben zum Leben verholfen habe.

Vater Felix hat die Hoffnung auf ein Lebenszeichen seiner Ältesten längst aufgegeben, doch Mutter Zenz wartet immer noch. Sie wartet und hofft aus Liebe zu ihrem Kind.

Die Dolomiten-Geburt

Es ist mir immer eine Freude, wenn ich von dem bekannten Physiker Dr. Höhne in den Zeitungen lese, dessen eigene Geburt als besonderes Ereignis in meinen Gedanken haften geblieben ist. Eines Tages nahm seine Frau überraschend Kontakt zu mir auf, und es erreichte mich ein kurzer Brief mit ungewöhnlichem Inhalt:

Sehr geehrte Frau Linner,
auch wenn ich bei der Geburt meines ersten Kindes Ihre Hilfe nicht in Anspruch nehmen werde, so möchte ich Sie trotzdem bitten, auf ein Gespräch bei mir vorbeizukommen.
Helene Höhne

Es folgten Wohnort und genaue Adresse.

Diese Dame brauchte das Gespräch mit mir, nicht aber meine medizinische Hilfe. Was sollte ich davon halten? Ein wenig seltsam kam mir diese Bitte schon vor.

Die angegebene Adresse, ein Haus inmitten eines großen Gartens, war leicht zu finden. »Dr. Georg Höhne, Diplom-Ingenieur« stand in großen Buchstaben auf einem Messingschild zu lesen.

Eine vornehme Adresse. Ich drückte daher mit ein wenig Unbehagen auf die Klingel.

Eine sportlich-elegante Dame öffnete mir, und als ich meinen Namen nannte, wurde ich ins Haus gebeten.

»Sie werden sich wahrscheinlich über meine etwas

merkwürdige Bitte gewundert haben – ein Gespräch dieser Art ist sicher nicht üblich«, begrüßte sie mich.

Sie hatte eine sehr sympathische Stimme, und ihre rotblonden Haare bildeteten einen reizvollen Gegensatz zu ihrer hellen, makellosen Gesichtshaut. Ihr Blick war offen, ihre Ausdrucksweise sehr gewählt.

Eine attraktive, gepflegte Erscheinung, war mein erster Eindruck. Ich wartete, was mir Frau Höhne zu sagen hätte beziehungsweise was sie mich fragen wollte.

»Mein Vorhaben ist nicht ganz einfach nachzuvollziehen, vielleicht finden Sie es unverständlich und werden mir davon abraten. Aber ich dachte, bei einer Tasse Tee spricht es sich leichter«, vernahm ich erneut die wohlklingende Stimme meiner Gastgeberin.

Dampfender, wunderbar duftender Tee wurde aufgetragen und dazu dunkles Gebäck auf den Tisch gestellt.

»Wir trinken nur Gesundheitstee, dessen Kräuter aus biologischem Anbau kommen, dazu braunen Zucker. Wir haben auch keine Vorhänge und keine Kopfkissen und keine Federn in den Betten. Ich gehe auch meistens barfuß«, eröffnete mir Frau Höhne.

Diese Familie schien ja sehr gesundheitsbewusst zu leben, aber das war sicher nicht der Anlass, warum sie mich um einen Besuch gebeten hatte.

Dann begann Frau Höhne mich über ihr Vorhaben zu informieren, bei dem die Geburt ihres Kindes, wie ich vermutete, im Mittelpunkt stand. Doch das, was ich nun zu hören bekam, erweckte bei mir den Eindruck, als würde ich in ein anderes Zeitalter versetzt.

»Dass ich mich auf das Kind freue, das verstehen Sie sicher am besten«, begann sie. »Ich möchte es aber weder im Krankenhaus noch zu Hause zur Welt bringen. Ich möchte es hoch oben in den Bergen der Dolomiten, in der Einsamkeit, in der Stille gebären.«

Frau Höhne wartete auf meine Reaktion, auf meine Antwort, doch bei einem solchen Ansinnen blieben mir die Worte im Hals stecken.

Da fuhr die werdende Mutter mit ihren Ausführungen fort: »So eng mit der Natur verbunden, ohne Trubel, in Einsamkeit und Stille ... Nur so und nicht anders kann ich mir die Geburt meines Kindes vorstellen. Was halten Sie von meiner Absicht?«

Ich wollte gerade sagen, dass dies eine fixe Idee sei, die ich entschieden ablehnen würde, schluckte diese Antwort aber hinunter und holte tief Luft, bevor ich auf diese ungewöhnliche Frage einging: »Ein gewiss sehr romantisches Vorhaben, aber eine Geburt hat mit Romantik nichts zu tun. Sie kann auch ihre Tücken haben. Sie mögen im biologischen Sinn sehr gesund und naturbewusst leben, aber hier, so meine ich, scheiden sich die Geister. Ich rate Ihnen von diesem Vorhaben dringend ab. Was wäre, wenn unvorhergesehene Komplikationen, sei es von Ihrer oder auch von der Seite des Kindes her, aufträten?«

Dabei betrachtete ich ihr rotblondes Haar, in dem die Nachmittagssonne glänzte, ein schöner Anblick, der aber auch häufig ein Zeichen von verstärkter Blutung bei einer Geburt sein kann. Was wäre dann?

»Ich halte einen solchen Ort zur Geburt Ihres Kindes für abwegig, fast möchte ich sagen, gefährlich, wenn es das erste Kind ist und Sie ohne fachliche Hilfe sind.«

Frau Höhne sah mich lange an, sie lächelte nun nicht mehr. Sie schien über das, was sie hörte, nachzudenken, vielleicht sogar die Dolomiten als Geburtsstätte ihres Kindes in Zweifel zu ziehen. Doch die Romantik und der dazugehörende Mut zu diesem Plan hatten in ihrem Kopf feste Formen angenommen, sodass sie unvermittelt auf das Gepäck verwies, das für die Reise schon bereit stand.

Noch einmal machte ich einen Versuch, Frau Höhne von ihrem träumerischen Vorhaben abzubringen, und erklärte: »Falls Sie wirklich Ihre Ideen in die Tat umsetzen wollen, so wäre meine Empfehlung, einen Arzt aufzusuchen, der etwaige Komplikationen, so weit sie sich voraussehen lassen, ausschließen kann. Doch ein Restrisiko wird immer bleiben.«

Auf meine Überlegungen entgegnete sie, dass doch die Frauen der Urvölker auch ohne medizinische Hilfe ihre Kinder gebären würden.

»Das müsste doch auch in unseren Kreisen möglich sein. Sind wir denn schon so verweichlicht und zivilisiert«, ereiferte sie sich, »dass ein so natürliches Geschehen, wie die Geburt eines Kindes, fachliche Hilfe braucht?«

Sicherlich eine berechtigte Frage, die nicht so einfach zu beantworten war. Wir hingen beide unseren Gedanken nach, doch nach einer Weile verteidigte Frau Höhne erneut ihre Meinung: »Ich möchte mit meinem Vorhaben ein Zeichen setzen und damit dokumentieren, dass wir wieder auf eine natürliche Lebensweise zurückkommen müssen.«

Frau Höhne sah sich als Pionierin einer anderen Lebensart, einer neuen Kultur, für die sie mit der Geburt ihres Kindes ohne jede Hilfe inmitten der rauen Natur der Berge ein Beispiel geben wollte.

Als ich mich verabschiedete, musste ich Frau Höhne mit ihren recht eigenwilligen Vorstellungen, die ich nicht nachvollziehen konnte, alleine lassen und hoffte, dass sie diese ungewöhnliche Idee, die Bergwelt als Geburtsort ihres Kindes zu bestimmen, noch einmal überdachte.

Ich hörte längere Zeit nichts mehr von ihr. Die Idee

dieser werdenden Mutter ging mir aber nicht aus dem Kopf, wollte sie sich doch einer nicht geringen Gefahr aussetzen, um die Welt zu verändern, um andere Grundsätze zu schaffen. Dazu bildeten meine anderen Mütter wieder einmal einen krassen Gegensatz, denn sie sahen fachliche Hilfe bei der Geburt ihrer Kinder als Voraussetzung an, erwarteten sie geradezu.

Wie wird diese Angelegenheit noch enden, war meine besorgte Frage.

Dann kam eines Abends ein Anruf. Herr Höhne bat mich, bei seiner Frau nochmals vorbeizukommen, denn mit der Geburt des Kindes, die ohne Hilfe in den Bergen der Dolomiten stattfinden sollte, sei er nicht mehr einverstanden, und das umso mehr, je näher der Termin herankäme.

»Ich halte den Gedanken meiner Frau für absurd, aber niemand kann ihr diese Idee ausreden, in die sie sich verrannt hat und von der sie nicht mehr loskommt. Vielleicht können Sie ihre Meinung noch ändern. Die Zeit drängt! Ich möchte Sie deshalb inständig bitten, mit meiner Frau zu sprechen!«

Wieder stand ich vor dem Haus mit dem Messingschild, und dieses Mal wollte ich mit Frau Höhne ein sehr ernstes Wort reden, dachte ich bei mir und rüstete mich innerlich für mein Vorhaben.

Ich traf sie an, als sie die letzten Dinge für ihre zweifelhafte Reise in die Tasche steckte.

»Schön, Sie zu sehen«, war ihre Begrüßung.

»Ich wollte noch einmal nach Ihnen sehen. Wie geht es Ihnen?«, fragte ich.

Aber sie ging gar nicht erst auf meine Frage ein.

»Das trifft sich ja gut, dass Sie vorbeikommen. Ich wollte Sie schon lange aufsuchen und Sie bitten, mit mir in die Dolomiten zu reisen. Es wäre mir wichtig, dass

Sie dabei sind, wenn mein Kind auf die Welt kommt. Bitte, kommen Sie mit!«

War sich Frau Höhne nicht mehr ganz sicher? Erkannte sie endlich das Abenteuer und die Gefahr, auf die sie sich einließ? War es ein Angebot oder eine Bitte? Oder brauchte sie mich einfach nur als Zeugin für ihre mutige Tat?

Meine Antwort nahm sie schweigend hin: »Ich muss hier bleiben. Es ist mir unmöglich, in die Dolomiten zu reisen, ich habe meine Arbeit, meine Pflichten, die ich erfüllen muss. Und ich appelliere nochmals dringend an Sie, auch hierzubleiben, da, wo Sie hingehören, Sie und Ihr Kind.«

Stumm und nachdenklich sah mich Frau Höhne an, als ich ihr weiter zu bedenken gab: »Fordern Sie Ihr Schicksal nicht heraus, begraben Sie diese romantische Idee, und stellen Sie sich den Tatsachen! Sie müssen abkommen von dieser Traumgeburt! Ich helfe Ihnen gerne dabei.«

Ihre Augen gingen hin und her, aber ihre Lippen blieben fest zusammengepresst. Würde sie sich weiter anmaßen, mit ihrem geplanten Vorhaben die Welt verändern zu können?

Die Atmosphäre war äußerst angespannt. Man meinte förmlich, es knistern zu hören. Aber es wurde Abend, und ich musste mich schließlich verabschieden. Mit gemischten Gefühlen verließ ich das Haus.

Würde Frau Höhne es in dieser Nacht schaffen, ihren Wunsch zu bezwingen und einzulenken, oder würde sie weiterhin an dieser weltverändernden Idee, die sie Herausforderung nannte, festhalten?

Der Tag der Geburt rückte immer näher heran, und wieder wurde ich in das Haus Höhne gebeten. Eine gut gelaunte werdende Mutter empfing mich mit der Nachricht: »Es ist so weit, wir reisen morgen in die Dolomiten.«

Ich konnte es kaum fassen, was ich da hörte. Frau Höhne wollte sich in eine zweifelhafte, eventuell sogar lebensbedrohliche Lage begeben, um sich als Pionierin einer vergangenen, wiedererstandenen Lebensart zu sehen.

Mir fehlten die Worte. Aber Frau Höhne war so fest von ihrem Plan überzeugt, dass meine Worte ohnehin nicht zu ihr durchgedrungen wären.

»Ich wollte Sie bitten«, fuhr Frau Höhne unbeirrt fort, »nachzusehen, ob ich alles Notwendige zur Geburt vorbereitet habe.«

Sie öffnete eine Tasche, und da lagen in einem weißen Tuch eingewickelt zwei Nabelbändchen, Schere und weitere Tücher. Es war wirklich nur das Allernotwendigste zur Geburt eines Kindes, aber immerhin gut und umsichtig vorbereitet.

Das Unternehmen sollte also beginnen. Ich verzichtete auf ein nochmaliges, warnendes Wort, denn Frau Höhne wollte ihre Idee in die Tat umsetzen, koste es, was es wolle.

Dennoch blieb mir ein gewisser Trost, dass noch nicht alles verloren sei: Vielleicht würden die ersten Wehen sie zur Umkehr zwingen, wenn sie Angst und Unsicherheit befallen würden vor dem Ungewissen, das sich da anbahnte. Das könnte ihre romantische Idee verblassen lassen. Es ist immer eine ganz andere Situation, sobald Schmerzen den Körper schütteln und man sich an niemanden, der in der Lage ist, Hilfe zu geben, anklammern kann, wenn Angst und Hilflosigkeit einen befallen, wenn die Verlassenheit kommt. Frau Höhne würde sich dann, wie ich annahm, in die Zivilisation, in die Geborgenheit vertrauter Umgebung und die Sicherheit kompetenter medizinischer Hilfe zurücksehnen, und der Gedanke an Weltveränderung und gesellschaftlichen Umbruch würde in ein Nichts zerfallen. Der Mut zu diesem Experiment würde sie schnell verlassen.

Doch die Dolomiten-Reise begann siegesgewiss, hoffnungsvoll, und Frau Höhne sah sich tatsächlich schon als Vorreiterin einer anderen Weltanschauung.

Was nun auf der Reise zwischen Wasserburg und Rosenheim geschah, sollte die unerwartete Wende bringen. Ein plötzlicher Blasensprung kündigte die baldige Geburt des Kindes an und mahnte zur Umkehr. Die ersten Wehen setzten ein und mit ihnen auch die Angst. Eine völlig neue Situation war entstanden, die nicht mehr zu meistern war. Übelkeit befiel die werdende Mutter. Sie fühlte sich elend und wollte zurück, nichts als zurück in umsorgende, helfende Hände.

Es war eine kurze Reise geworden, die schon mit Beginn der ersten Probleme ihr vorzeitiges Ende nahm.

Der frühe Morgen des darauf folgenden Augusttages kündigte einen schönen, heißen Sommertag an. Soeben hatte ich einem kräftigen Buben auf die Welt geholfen und anschließend Mutter und Kind versorgt. Ich war wieder einmal so richtig zufrieden mit mir und der Welt, weil alles gut verlaufen war.

Da kam neue Arbeit auf mich zu, denn ein unerwarteter Zugang betrat das Kreißzimmer. Ich meinte nicht richtig zu sehen, als Frau Höhne in Begleitung ihres Gatten auf mich zuging.

»Ich glaubte Sie auf der Reise in die Dolomiten«, war das Erste, was ich herausbrachte.

»Wir haben die Reise abgebrochen«, berichtete mir Herr Höhne mit einem viel sagenden Augenzwinkern und einem etwas zynischen Lächeln. »Nein«, fuhr er fort, »ich bin wirklich froh, dass dieser Spuk vorbei ist. Er hat uns schon genug Ärger und Aufregung eingebracht.«

Entnervt stand er da und wartete ab, was sich nun ergeben würde. Dann wagte er die zögernde Frage: »Kann ich jetzt gehen?«, und als daraufhin seine Frau nickte, hatte er es plötzlich sehr eilig, heimzukommen. Froh, dem Zauber der Dolomiten entgangen zu sein, verließ er schnellen Schrittes das Krankenhaus.

»Nun brauche ich Ihre Hilfe doch noch«, waren die ersten Worte von Frau Höhne an mich.

»Es war eine gute Entscheidung, zurückzukommen«, gab ich zur Antwort. »Wir erwarten zwar keine Komplikationen, sollten aber trotzdem welche auftreten, so sind Sie hier in guten, fachkundigen Händen.«

Stunden vergingen in ruhigem Gespräch, der Geburtsverlauf machte gute Fortschritte. Außergewöhnliches war nicht zu erkennen. Vielleicht hätte Frau Höhne auch in der Bergwelt ohne Schwierigkeiten ihr Kind zur Welt bringen können. Hatte mich mein ungutes Gefühl, das mir damals so viel Sorge machte, betrogen, wenn nun doch alles einen guten Ablauf nahm?

Doch die Endphase der Geburt stand noch bevor. Plötzlich verlangsamten sich die Herztöne des Kindes, eine erhebliche Gefahr für das Ungeborene. Es war ein großes Glück für das Kind, dass die Geburt schnell beendet werden konnte und dass es, trotz der mehrfachen Nabelschnurumschlingung um Hals und Körper und der damit einhergehenden Atemschwierigkeiten am Leben blieb. In solch bedrohlichen Situationen schlägt der eigene Puls schneller, und in der Magengegend wird es einem mulmig.

In Krisensituationen wie dieser schickte ich immer ein

Gebet zum Himmel als Bitte oder als Dank. Doch Dank, dieser fromme Gedanke, war in diesem Falle verfrüht. Denn in der Nachgeburtsperiode sollte es noch erhebliche Schwierigkeiten geben: Eine Plazenta, die sich nicht lösen wollte und mit der Hand geholt werden musste. Infolgedessen wurde eine starke Blutung auslöst, die nur mit größter Anstrengung zu stillen war. Trotz ärztlicher Hilfe und aller verfügbaren Mittel war der Blutverlust hoch. Aber die Mutter lebte, und ihr junger Körper würde bald die verlorenen Kräfte wieder aufholen.

Mutter und Kind hatten hart um ihr Überleben gekämpft und schließlich gewonnen. Uns Helfern, die wir unseren Beitrag dazu geleistet hatten, uns blieb die Freude des Sieges über den Tod. Frau Höhne sprach nicht mehr von der verhinderten Dolomiten-Geburt. Aus gutem Grund, wie ich meine.

Die nicht zu Stande gekommene Dolomiten-Geburt hatte also ein gutes Ende gefunden, und damit wäre die Geschichte eigentlich beendet. Und doch glaube ich, dass ich meinen Lesern den weiteren Verlauf nicht vorenthalten sollte. Das Baby Roland hat nach den anfänglichen Schwierigkeiten einen guten Start in sein Leben gemacht. Er wuchs zu einem liebenswerten Menschen heran, der später hohe berufliche Ziele erreichte.

Roland war die große Freude seiner Eltern, und nach einigen Jahren wurde das Glück der kleinen Familie mit Baby Friederike vervollständigt. Die Kleine war in einer Hausgeburt zur Welt gekommen.

Mutter Höhne hoffte, dass sie ihre Idee – zurück zur Natur – an ihre Tochter weitergeben könnte. Wie ich weiß, ist ihr dies nur in Ansätzen gelungen, und auch von einer Dolomiten-Geburt ist nie etwas bekannt geworden.

Ein ungewöhnliches Kind

Ein voller Mond und klarer Sternenhimmel beleuchteten meinen Weg, den ich, mein Fahrrad neben mir herschiebend, den Berg hinaufschnaufte. Nur ein Käuzchen schrie, sonst war alles still.

Das kleine bäuerliche Anwesen der Familie Daxeder hatte ich bald erreicht. Dort sollte heute ihr siebtes Kind zur Welt kommen.

»Weilst nur grad da bist«, hörte ich schon im Hausflur die Daxederin ausrufen.

Eine Begrüßung, die ich inzwischen schon so oft gehört hatte, dass sie mir schon zur Gewohnheit geworden war.

»So a armes Häuslweib wie ich«, begann die Daxederin zu jammern. »die is nicht zu beneiden. Nix als Arbeit und Kinderkriegen, wie oft wirst du noch zu mir kommen müssen. A solches Leben is nimmer schön«, beschwerte sie sich.

»Du hast aber sechs gesunde Kinder, da müsstest du eigentlich recht zufrieden sein«, gab ich ihr zu bedenken.

Doch die Lebensbedingungen dieser vielfachen Mutter waren nicht dazu angetan, ein bescheidenes Maß an Zufriedenheit zu erreichen. Der Futterertrag an den mageren Hängen reichte kaum für die beiden Kühe im Stall. Das Wenige, das Lenz, der Familienvater, als Gelegenheitsarbeiter nach Hause brachte, war ebenfalls dürftig, und er gönnte sich auch des Öfteren gerne eine Halbe Bier, was seinen armseligen Lohn noch zusätzlich schmälerte.

Ich kannte die Lebensgeschichte dieser Kleinbäuerin schon lange, und immer glaubte sie, ihre Nöte mir erneut berichten zu müssen. In einer Verschnaufpause zwischen den Wehen erfuhr ich weitere Einzelheiten, die sich seit meinem letzten Besuch ergeben hatten.

»Seit einem guten Jahr«, berichtete sie mir, »hab ich auch noch den ledigen Bankert von meiner Schwester, den sie mir einfach vor die Tür hingesetzt hat. Die zuwidere Kleine hat uns grad noch gefehlt. Ich glaub, bei dem Dirndl stimmt's net ganz im Hirn.«

Damit sollte die Daxederin in gewissem Sinne Recht behalten, wie sich später herausstellte.

Unvermittelt änderte die Bäuerin das Thema und stellte die ängstliche Frage: »Meinst, dass dieses Mal auch wieder alles gut geht?«

Über meine Antwort war die Daxederin nicht sonderlich glücklich, denn ich hatte ihr noch etwas Unerwartetes zu eröffnen: »Ja, gut gehen wird die Geburt sicherlich, aber es kommt ein wenig anders als erwartet, weil es Zwillinge sind und du wahrscheinlich mit diesem zweifachen Kindersegen nicht gerechnet hast.«

Der Schreck über den doppelten Zuwachs war ihr anzusehen, und sie brachte nur völlig fassungslos hervor: »Des auch noch!«

Doch gleich versuchte sie sich selbst zu trösten, indem sie sagte: »Hast dich bestimmt getäuscht, des kann's ja auch einmal geben. Mei, wär ich froh, wenn des so wär!«

Doch es war keine Täuschung. Zwei Buben kamen zum Leben, eineiige Zwillinge, frisch und gesund.

Es war ein schönes Bild, wenn man die beiden rosigen Kinder betrachtete, die nun gut versorgt glücklich und zufrieden in der alten Wiege schlummerten. Man konnte jetzt schon sehen, dass sie sich glichen wie ein Ei dem anderen.

Stumm und ein wenig skeptisch blickte der Vater auf seine beiden neugeborenen Söhne, die auf so unvorhergesehene Weise seine Familie vergrößerten.

Nun waren es neun Kinder, die Wohnung und Nahrung brauchen, wenn man den »ledigen Bankert« dazurechnete.

Mit diesem schwierigen Kind kam nun großer Ärger auf die Pflegeeltern zu, und auch ich stand Situationen gegenüber, wie ich sie nur selten zuvor erlebt hatte.

In den Wochenbettagen hatte ich Gelegenheit, die »Zuwiderwurzen«, wie sie von der Familie genannt wurde, genauer zu beobachten, und in der Tat war das Verhalten dieses fünfjährigen Mädchens ungewöhnlich. Aggressivität einerseits und eine ungeheuer große Liebesbedürftigkeit andererseits wechselten einander ab.

Die Großmutter war der einzige Schutz, den sie hatte, an deren Rockzipfel sie sich klammerte und deren Hände sie immer wieder suchte. Ansonsten stand sie allein, weil nicht nur die Pflegeeltern sie ungern sahen, sondern auch die anderen Kinder im Haus das kleine Mädchen als Eindringling betrachteten.

Am Tisch wurde die allgemeine Ablehnung am deutlichsten sichtbar. Griff sie zum Löffel, waren alle Augen auf sie gerichtet. Sollte sich das Mädchen dann auch noch erdreisten, als Erste den Löffel in die Schüssel zu tauchen, kam sofort eine scharfe Zurechtweisung von Seiten der größeren Kinder: »Kannst du net warten, bis du an der Reihe bist?«

Um der Anmahnung ein besonderes Gewicht zu verleihen, klopfte der größere Lorenz mit seinem Löffel auf die Finger der Kleinen. »Damit du dich auskennst, du bist die Letzte, die drankommt.«

Immer wieder bekam das Kind zu spüren, dass sie nicht dazugehörte, dass sie eine Fremde war, ein »lediger Bankert« und noch dazu eine »Zuwiderwurzen«, die nur geduldet wurde.

Die Haare tief in die Stirn gezogen, betrachtete mich die kleine Marianne skeptisch mit ihren braunen Kulleraugen, ob mir wohl zu trauen sei. War die Großmutter nicht in ihrer Nähe, verkroch sie sich in einen Winkel, malte oder zeichnete – es handelte sich dabei um meist bäuerliche Motive, die sie für eine Fünfjährige allerdings erstaunlich gut zu Stande brachte. Als ich einmal gerade beim Baden der Kinder war, erwählte sie mich zu ihrem neuen Objekt. Dabei skizzierte sie mich auch recht gut, doch für die Zwillinge schien sie keine Sympathie zu haben – so konnte man zumindest aus ihrer Zeichnung schließen.

Dann wieder gab es Phasen, da schrie und tobte das Kind, weil sich die Großmutter nicht finden ließ, sprang flink wie eine Katze auf das breite Fensterbrett, von da aus auf die Bank, auf den Tisch, auf den Fußboden. Es war unmöglich, sie einzufangen, ihre Aggressivität zu bremsen. Schließlich zerrte sie so heftig an meiner Kittelschürze, dass sich Knöpfe lösten und ich im ersten Augenblick nicht wusste, wie mir geschah.

Dieses ganz außergewöhnliche Gebaren des Kindes, das tags zuvor noch so hübsche Zeichnungen angefertigt hatte, machte mir Angst.

Dennoch gelang es mir, das zornige kleine Mädchen einzufangen. Sie hatte sich mit Beißen, Kratzen und schließlich mit Fußtritten gegen die Festnahme gewehrt. Schließlich konnte sie sich wieder losreißen, strampelte bis zur Erschöpfung mit den Beinen und ließ sich dann mit Heulen und Geschrei zu Boden fallen.

Als ich Marianne gerade hochheben wollte, um zu sehen, ob sie sich verletzt hätte, betrat der Daxeder die Stube. »Lass sie nur liegen, die Zuwiderwurzen«, sagte er ungerührt. »Die steht schon von selber wieder auf, wenn es ihr zu dumm wird am Boden. Wo kämen wir da hin, wenn wir des närrische Dirndl jedes Mal aufheben müssten.«

Eine viel sagende Auskunft. Die ungewöhnlich komplizierte Situation, die ich vorerst nicht durchschauen konnte, gab mir sehr zu denken. Ich hatte es hier mit einem armen Kind zu tun, dem niemand seine Aufmerksamkeit schenkte, das künstlerische Fähigkeiten besaß, zugleich aber zu einer wütenden Furie werden konnte. Mir wurde schnell klar, dass hier einige grundlegende Dinge geklärt werden müssten.

Mehrere Tage verliefen friedlich. Marianne hatte sich wieder gefangen. Ein kurzes Streicheln über ihr Haar dankte sie mir stets mit einem Lächeln und dem Festhalten meiner Hand.

Schließlich kam der Tag, der für meine Überlegungen ausschlaggebend wurde. Es war einer der letzten Wochenbetttage, ich hatte die Mutter und ihre Neugeborenen versorgt und wollte mich gerade mit meinem Fahrrad auf den Heimweg machen. Vor der Haustür blieb ich noch ein wenig stehen, um einem Rudel Rehe nachzusehen, das in weiten Sprüngen dem Wald zustrebte, als ich die beiden Zwillinge ganz ungewöhnlich heftig schreien hörte. Ich machte also noch einmal kehrt, um den Grund dieses auffälligen Schreiens zu erfahren.

Da sah ich das Entsetzliche. Marianne schlug mit beiden Händen auf die Zwillinge ein. Sie hörte dabei nicht einmal, dass ich nochmals in die Stube getreten war. Entsetzt schaute ich auf das Bild, das sich mir bot. Einem derart gewalttätigen Kind war ich noch nie begegnet.

Sie ist vermutlich erschrocken, weil ich sie ein wenig

unsanft anfasste, um sie von der Wiege wegzuholen. Dann sie wurde plötzlich ganz still, sah mich mit ihren großen Augen erstaunt an und wusste vermutlich gar nicht, was geschehen war.

Willig folgte sie mir zu ihren Zeichnungen in der Ecke. Diese sah sie als ihren ganz persönlichen Bereich an, betrachtete sie als ihr eigentliches Zuhause.

Mit Marianne musste etwas geschehen, sie brauchte ärztliche Hilfe, damit die Ursache ihres ungewöhnlichen Verhaltens feststellt werden konnte.

Doch die Daxeders hatten für meine Sorgen kein Verständnis. »Wenn sie in die Schule kommt, dann vergehen sie ihr schon, die Flausen. Des gibt sich, wenn sie größer wird«, war die Meinung der Familie.

»Und was wollen Sie für die Sicherheit der Zwillinge tun?«, gab ich zu bedenken.

»Na ja, in Zukunft kümmern wir uns schon darum ...«

Die Sorglosigkeit dieser Leute war erschütternd. Oder geschah es aus Gleichgültigkeit dem »ledigen Bankert« gegenüber, der eh nur im Wege stand?

Ich dagegen machte mir über Marianne und ihr Verhalten ernsthafte Gedanken. Als ich nach mehreren Wochen erneut auf den Hof kam, glaubte ich zudem eine Verschlechterung ihres Zustandes zu erkennen und drängte verstärkt auf einen Arztbesuch.

Diesem Besuch folgte eine Einweisung ins Krankenhaus, um das sonderbare Verhalten des Kindes zu klären.

In der Klinik bemühten sich nun mehrere Ärzte und Professoren um Marianne. Medikamente und Technik wurden eingesetzt, um die krankhafte Veränderung, die im Kopfbereich des Mädchens ausgemacht worden war, zu bekämpfen.

Ein Leidensweg begann für dieses Kind, ein ständiges Hin und Her, ein Wechsel von der einen Klinik zur anderen und von dort für ein kurze Zeit zurück zu den Daxeders und den Zeichnungen in ihrer Lieblingsecke.

Marianne war zu einem interessanten Fall für Fachärzte und deren Studenten geworden.

Doch schließlich waren die Ärzte nach zahlreichen Experimenten und langen Therapien zu der Auffassung gelangt, dass dem kleinen Mädchen nicht mehr zu helfen sei. Einen Tag vor ihrem sechsten Geburtstag starb sie still auf Daxed.

Die leibliche Mutter und die Pflegeeltern nahmen den Tod des Kindes gelassen hin, weil es – so war ihre einmütige Überzeugung – ohnehin keine großen Erwartungen an sein Leben stellen konnte.

»Es is besser so«, hieß es, »und der Herrgott hat's noch allerweil recht gemacht.«

Nur die Großmutter weinte um ihren Schützling, dem sie Liebe gegeber und von dem auch sie wiederum Liebe erhalten hatte.

Der verwunschene Hof

Dass es überirdische Dinge im Leben der Menschen gibt, die nicht erklärbar sind, weil sie im Bereich des Mystischen liegen, wurde mir schon oft gesagt. Besonders ältere Leute schwören Stein und Bein darauf. Immer jedoch, wenn von solchen Begebenheiten die Rede war, wurde mein Blick skeptisch, sogar misstrauisch – was wiederum die Auswirkung hatte, dass man sich dann mit verstärktem Eifer bemühte, mir diese übernatürlichen Geschehnisse nahe zu bringen.

Der Knockerhof stand in keinem guten Ruf, weil die sichtbare Strafe für das Verhalten des Bauern in aller Munde war.

»Recht geschieht ihm, dem Großkopferten. Was glaubt der denn, wer er ist, dieser Leuteschinder, dieser Tierquäler. Wie der mit seinen Rössern und mit seinem Hund umgeht, da möcht man sich ja gleich der Sünden fürchten.«

Schlecht gelaunt sah man in jenen Tagen den Knockerbauern umhergehen, Mensch und Tier, vor allem aber seine Bäuerin, bekamen seinen Unmut zu spüren.

»Drei Dirndl und kein Bub auf diesem Hof, des ist schon a Strafe für den Viehschinder«, war man sich allgemein einig. Doch diese »Strafe« war erst der Anfang einer längeren Reihe von Schicksalsschlägen, denen der Knockerbauer machtlos ausgeliefert war.

»Man soll die Hoffnung nie aufgeben«, meinte seine Bäuerin. Sie wartete und hoffte, dass irgendwann doch noch ein Thronfolger kommen würde. Als auch das vierte und das fünfte Kind Mädchen waren, verfinsterte sich die Miene des Knockerbauern zusehends, und die Tage auf dem Hof wurden noch härter. »Die Peitsche ist sein Markenzeichen«, berichteten mir die Nachbarn.

Jahre vergingen, und die Knockerbäuerin kam langsam in die Jahre und wurde zu alt, um noch Kinder zu gebären.

»Na, jetzt wird er sich wohl abgefunden haben mit seinen fünf Dirndln, recht geschieht ihm. Auf einen Buben braucht er jetzt nimmer warten«, hörte man die Leute schadenfroh tuscheln.

Doch das Wunder, an das niemand mehr geglaubt hatte, geschah. Noch einmal sollte ein Kind auf dem Knockerhof geboren werden. Nach Bitten, Beten und Hoffen erwartete man nun ungeduldig den ersehnten Hoferben.

»Nein, nein«, prophezeite die Kräuter-Barbara, »auf dem Hof gibt's keinen Buben net. Der Knockerhof ist verwünscht. A Bub kommt erst in der nächsten Generation, wenn andere Leut drauf sind. Jetzt net … Ja, ja, alles geht seinen gerechten Weg.«

Mit größter Sorge stand ich am Bett der Bäuerin, bangte und betete mit ihr, dass das Wunder auf einen männlichen Hoferben geschehen möge. Schwitzend und stöhnend brachte die geplagte Frau nach langen Stunden ihr Kind zur Welt, doch es war auch dieses Mal nicht der erhoffte Hoferbe. Ein gesundes Mädchen schrie laut ihren Unmut in diese kalte Welt, in die elterliche Schlafstube und in den Hof hinaus.

Die Reaktion des Vaters konnte man nur erahnen. Er war zutiefst enttäuscht und gekränkt.

In seinem Zorn ließ er sich auch später kaum sehen und lehnte es ab, bei der Taufe seiner kleinen Josefine dabei zu sein. Sicherlich tat er dies aber auch, um das schadenfrohe Grinsen der Leute nicht sehen zu müssen.

Nur Mutter Barbara hatte Haltung in dieser schweren Situation bewahrt. Nie verlor sie ihre innere Größe, auch wenn ihr der Ehealltag noch so sehr zusetzte.

»Sie ist a gute Frau«, sagte man über sie. »Jetzt hat er's, der Knockerbauer, noch amal a Dirndl, jetzt ist er gestraft genug. Sechs Dirndl unter die Haube bringen, des ist a Kunststück.«

Doch dieses Kunststück ist gelungen, wurde mir viel später erzählt.

»Es sind halt hübsche Dirndln gewesen, die sind weggangen wie die warmen Semmeln, sodass Josefine, die Jüngste, den Hof übernehmen musste.«

Den Knockerbauern hat das Schicksal im Alter jedoch noch einmal in die Zange genommen. Durch einen schweren Schlaganfall, bei dem er fast vollständig die Sprache verlor, geistig verwirrt und halbseitig gelähmt war, ist er zum Wrack geworden.

»Er kann net leben und er kann net sterben, ein trauriges, aber gerechtes Schicksal«, waren sich die Leute wieder einmal einig.

Die Kräuter-Barbara aber hatte Recht behalten, die darauf folgende Generation brachte die männliche Erbfolge hervor. Mutter Barbara durfte diese Freude noch miterleben, nicht aber ihr Mann, der nach langjähriger Hilflosigkeit bereits vor ihr heimgegangen war.

»Ob ein solcher Mensch einen gescheiten Platz im Himmel kriegt?«, sinnierte die Kräuter-Barbara, »wir können's nur hoffen. Gott hab ihn selig, den Knockerbauern.«

Liebe geben, Liebe annehmen

Auf den Bäumen glitzerte in winterlicher Schönheit der Raureif. Schwer duckten die Äste sich unter ihrer weißen Last zu Boden. Eine ganz besondere Naturschönheit, gäbe es nicht gleichzeitig vereiste Straßen, die das Vorwärtskommen durch erhöhte Rutschgefahr erschwerten.

Mein Weg war spiegelglatt und erforderte ganze Aufmerksamkeit. In engen Windungen schlängelte sich die Straße hinauf zu dem Gehöft mit dem breit ausladenden Vordach und dem Windfang, das schon von weitem zu sehen war.

Mit meinen Gedanken war ich schon bei der Danner-Bäuerin, die lange Jahre kinderlos geblieben war und nun endlich ihr erstes Kind erwartete. Eine lang gehegte Hoffnung würde sich heute auf diesem Hof erfüllen, ein Kind, auf das die Eltern viele Jahre gewartet hatten. Ein Wunsch, ein Traum sollte wahr werden.

Die Vorfreude war ein wenig gedämpft durch die besorgte Frage: Wird auch alles gut gehen, werden Schwierigkeiten zu erwarten sein?

Wie oft hatte die Dannerin zuvor bei mir Rat gesucht! Immer wartend, bangend und unendlich traurig, wenn sich wieder eine Hoffnung zerschlagen hatte.

»Der Hof braucht einen Erben, er braucht ihn unbedingt«, wiederholte sie immer wieder. Sie erinnerte mich dabei an ein eigenwilliges Kind, dem man nicht geben wollte, was es haben möchte.

131

»Mein Mann, der Bauer«, so glaubte sie zu wissen, »der sagt da nix, aber ich seh es ihm an, wie ihn die Sache bedrückt. Es wär mir fast lieber, er tät mich schimpfen, weil ich zum Kinderkriegen nix tauge.«

Die Dannerin quälte sich mit Selbstvorwürfen, und der ständige Zwang, dieses selbst auferlegte Muss, verbesserte keineswegs die Situation.

»Bei wie vielen Doktern war ich schon?«, fragte sie, wobei sie sich gleich darauf selbst die Antwort gab. »Ich zähle schon lang nimmer mit – und keiner kann mir helfen!«

Meinen Rat, den ich schon des Öfteren gegeben hatte, hörte sie nicht gern. »Es wäre gut, wenn du dein Schicksal annehmen könntest. Man kann sich nicht programmieren wie eine Maschine. Gott ist auch noch da, er kennt deinen Wunsch, und zu gegebener Zeit wird er schon an dich denken.«

»Des schon, aber ich bin halt nimmer die Jüngste, und auf einmal ist es dann zu spät«, prophezeite sie mir.

Es vergingen mehrere Jahre des Wartens und Hoffens, ohne dass sich ein Hoferbe bei den Danners angemeldet hätte.

»Und wenn's bloß a Dirndl wär«, meinte die mittlerweile recht bescheiden gewordene Danner-Bäuerin.

»Ich mag schon bald nimmer in die Kirche gehen, weil mir die Fragerei von den Leuten schon zuwider wird.«

Da kam der seelisch geplagten Bäuerin der Zufall – oder war es das Schicksal? – zu Hilfe. Für einen zweijährigen Buben wurde dringend ein Pflegeplatz gesucht, und man trat mit diesem Anliegen an die Dannerin heran.

»Nein, a Kind, des ich später wieder hergeben muss, mag ich net. Ich möcht mein eigenes.«

Aber diese Forderung konnte niemand erfüllen. Die Zeit jedoch drängte. Das heimatlose Kind, schon mehrmals hin- und hergeschoben, brauchte ein Zuhause und auch ein wenig Zuneigung, was aber bisher niemand ihm geben wollte.

Die ledige Mutter, auf ihre Weise bedrückt und verzweifelt, setzte alles auf eine Karte, brachte ihren kleinen Peppi mit seinen wenigen Habseligkeiten zu den Danners und versuchte, ihn hier unterzubringen.

Ein kühler Herbstwind ließ mich ein wenig frösteln, als ich eines Morgens von der alten Mühle her auf meinen Wagen zuging. Zwei Gestalten, eine Frau mit einem Kind, das an der Hand der Mutter trippelte, schlugen den Weg zum Danner-Hof ein. Ich hatte die beiden bald eingeholt und erkannte Juliane mit ihrem kleinen Peppi, die in dieser morgendlichen Stille schon unterwegs waren.

Den Grund für ihre morgendliche Fußreise hatte ich bald erfahren.

Juliane erzählte mir weinend: »Meine Bäuerin mag den Peppi nimmer im Haus haben, ich muss ihn fortgeben, hat sie gesagt, sie hätte genug mit ihren eigenen fünf Kindern. Und des, obwohl im Maierhof so viel Platz ist! Jetzt probier ich's halt bei den Danners, weil die zwei eh keine Kinder net haben. Vielleicht lasst sich da was machen.«

Ich nahm die beiden mit in meinem Wagen, und wir fuhren gemeinsam den Berg hinauf zum stattlichen, aber kinderlosen Anwesen der Danners.

Der kleine Peppi war barfuß, seine Hände und Füße blau vor Kälte, die Locken auf seinem Köpfchen zerzwirbelt. Sein ungepflegtes Äußeres und sein allzu magerer Körper, überhaupt seine ganze Erscheinung ließen die Armseligkeit von Mutter und Kind erkennen.

Wer hätte da nicht Mitleid gehabt beim Anblick dieser beiden ärmlichen und heimatlosen Menschen?

Ich wollte daher alles, was in meiner Macht stand, unternehmen, um den kleinen Peppi auf dem Danner-Hof unterzubringen. Wenn möglich, sogar für immer.

Mit anfänglichen Schwierigkeiten aber war zu rechnen. Vielleicht aber war diese Begegnung vom Schicksal bestimmt, ein Wink von oben, ein glücklicher Zufall? Wäre das nicht ein Ausgleich für die kinderlose Bäuerin? Und Peppi hätte eine Heimat gefunden, ein Zuhause, in dem er die gute körperliche Pflege und Zuwendung für seine kleine Seele erwarten könnte.

Dann standen sich die beiden Frauen gegenüber, deren Schicksale in zwei verschiedene Richtungen zeigten. Tief traurig die eine in ihrer Kinderlosigkeit, verzweifelt die andere, weil sie ein Kind gebären musste, das sie nicht haben wollte und das ihr im Wege stand. Beide haderten mit ihrem Geschick, jede auf eine andere Weise. Warum nur geht das Leben manchmal so irrige Wege?

»Nein, ich mag kein Kind net, das mir bloß geliehen wird. Mein eigenes möcht ich, das mir niemand wegnehmen kann. Verstehst du des net?«, wandte sie sich an mich.

»Über eine Adoption lässt sich ja reden, wenn sichergestellt ist, dass Peppi auch eine gute Heimat bekommt«, meinte ich. Juliane nickte zustimmend bei meinen Worten, und ich sah das als eine ernst gemeinte Zusage an.

Die Debatte um Peppi ging hin und her, der kleine Junge aber, dessen Augen von einem zum anderen wanderten, ahnte nicht, dass es um sein zukünftiges Leben auf dem Danner-Hof ging.

»Wie heißt du denn?«, fragte die Dannerin den Klei-

nen ganz unvermittelt. »Peppi«, gab er sogleich unge-
zwungen zur Antwort.

»So, so, Josef heißt du, und Peppi nennen sie dich.«
Der Kleine bejahte diese Frage mit einem Kopfnicken.

»Ja, so was«, sagte die Dannerin wie zu sich selbst,
»mein Vater hat auch Josef geheißen. So ein Zufall, dass
es so was gibt.«

Schließlich wurde eine gute Lösung für beide Seiten
gefunden. Juliane sollte für mehrere Wochen bei Peppi
auf dem Anwesen der Danners bleiben, um ihm die
Eingewöhnung zu erleichtern, denn das Kind sollte auf
diesem Hof endlich ein Zuhause haben.

»Und dass dir die Maierhoferin eine Zeit lang frei
gibt, des regele ich schon«, beschwichtigte die Dannerin die etwas ängstlich dreinschauende Juliane.

Als auch der Danner mit dieser Lösung einverstan-
den war, konnte Peppis Leben eine andere, eine bessere
Wende nehmen. Bei meinem Abschied sah ich, wie die
Bäuerin das Kind auf ihren Schoß nahm, es mütterlich
an sich drückte und Peppi seine kleinen Arme um ihren
Hals schlang. Hoch zufrieden mit mir und meinem
Werk, verließ ich den Hof.

Die Dannerin war glücklich über dieses Kind. Sie gab
dem kleinen Peppi ihre ganze mütterliche Liebe, die
viele Jahre auf ihren Einsatz gewartet hatte. Ein eigenes
Kind, dieser einstmals so dringende Wunsch, rückte
plötzlich ein wenig in den Hintergrund. Liebe geben,
Liebe annehmen war ja der eigentliche Grund ihrer
Sehnsucht.

Und dann geschah das Wunder, an das niemand
mehr geglaubt hatte. Ein heiß ersehnter Wunsch, der
mit keinem Mittel zu erzwingen gewesen war, ging in

Erfüllung. Ein Kind, ein eigenes Kind, hatte sich auf diesem Hof angemeldet, und endlich sollte Mathilde, die Danner-Bäuerin, ein leibliches Kind haben. Gerade jetzt, da ihr ganzes Denken nur noch Peppi gehörte!

Aber dadurch waren Hormone freigesetzt worden, die zu arbeiten begonnen hatten und den sehnlichen Wunsch der Bäuerin, selbst Mutter zu werden, wahr machten.

Vorerst war man stumm vor Staunen, doch mit jedem Tag wuchs die Freude über dieses kleine Wunder.

Dann war es schließlich so weit. Der Tag, an dem ich diesem unverhofften Gottesgeschenk zum Leben verhelfen sollte, war gekommen.

Als ich die letzte steile Kurve, die zum Hof führte, nahm, war – wie eingangs schon erwähnt – der Weg spiegelglatt. Trotz aller Vorsicht kam mein Fahrzeug vom Wege ab und blieb in einem Schneehaufen hängen.

Es war kein besonders schlimmes Malheur, denn die wenigen verbleibenden Schritte konnte ich auch zu Fuß gehen.

»In der letzten Kammer auf dem oberen Gang, da findest du die Mathilde«, wies mir bei meiner Ankunft der ängstlich dreinblickende Ehemann den Weg.

»Hast net denkt, dass ich dich noch einmal brauchen werde«, empfing mich die werdende Mutter.

Unser Gespräch drehte sich im Folgenden um die Freude über das Kind, das hoffentlich ohne größere Schwierigkeiten auf die Welt kommen würde, aber auch um Peppi, der so viel Sonnenschein auf den Danner-Hof gebracht hatte.

Eine längere Geburtsdauer war naturgemäß vorauszusehen, nachdem ja die Schwangere die dreißig längst überschritten hatte.

So wurde es Abend, die Dunkelheit kam und mit ihr die Stille in Haus und Hof.

»Ich hab so viel Angst, wenn ich darüber nachdenk, dass das Kind vielleicht net gesund sein könnt oder net recht gescheit« – ein Ausdruck, der für den Begriff »behindert« steht –, »weil ich«, fuhr die werdende Mutter fort, »mir des Kind erbettelt und erzwungen hab. Ich hab's in meiner Ungeduld halt nimmer erwarten können.« Ich tröstete sie, dass es keinen Grund dafür gäbe, die Freude über das Kind sollte weiter vorrangig sein.

Der kommende Vater wollte das Geburtsgeschehen nicht miterleben – aus Sorge, aus Angst, aus Mitleid. Ich hatte Verständnis für seine Entscheidung, doch Mathilde hätte ihn lieber an ihrer Seite gesehen. Ihr Gesichtsausdruck zeigte deutlich, dass sie den Beistand ihres Mannes in diesen Stunden herbeiwünschte, aber auch erwartete.

»Es wär mir schon recht gewesen, wenn er da geblieben wär bei mir«, meinte sie und lieferte damit den Beweis für die Richtigkeit meiner Annahme.

Doch das Wort des Bauern hatte stets seine Gültigkeit, sei es bei der Arbeit, bei Entscheidungen, die den Hof betreffen, oder auch im ganz persönlichen Bereich, wie jetzt am Bett der Gebärenden. Die Bäuerin hatte sich in das Unvermeidliche zu fügen, denn ein Widerspruch von ihrer Seite war nicht üblich – so hatte man es sie gelehrt, und so war es ihr zu Hause von den Eltern vorgelebt worden.

Als ich ihr tröstend erklärte, »wir schaffen das auch allein, wir beide, ein ängstlicher Vater würde nur Unruhe und Unsicherheit in den Ablauf bringen«, nickte sie als Antwort. Sie hatte sich damit abgefunden, es war nun einmal nicht zu ändern.

Trotz der langen Geburtsdauer erwies sich die Bäuerin als eine geduldige Gebärende, die sich in das Unvermeidliche schickte, Ängste und Schmerzen still und tapfer annahm.

Stunde um Stunde bewegte sich der Uhrzeiger nach vorne. Da öffnete sich plötzlich mit leisem Quietschen die Kammertür, und der Danner kam ganz langsam, als müsse er sich jeden Schritt erst überlegen, nach vorn und blieb dann unentschlossen auf halbem Weg stehen.

Ich zog ihn sanft am Ärmel, um ihm den Weg an das Bett seiner Bäuerin zu weisen. Willig folgte er meiner Aufforderung und nahm dann das Gesicht seiner Frau sehr sacht und ohne Worte in seine Hände. Diese Geste sprach von Zuneigung, von Treue, von Zusammengehörigkeit, aber auch von Dank. Ein seltener Beweis der innigen Vertrautheit, die Mathilde mit nassen Augen erfreut entgegennahm. Ein stilles Glück, das sie erfüllte und ihr über die folgenden Stunden hinweghalf.

Etwa eine Stunde vor Mitternacht war die Geburt dieses lang ersehnten Kindes abgeschlossen. Ein heller, viel versprechender Schrei des kleinen Mädchens verhallte in der Stube auf dem Danner-Hof. Tränen der Freude liefen der Mutter über die Wangen, während der Vater sich vergebens um Haltung bemühte.

Solche Stunden sind Sternstunden im Leben eines Elternpaares. Aber auch für mich waren es immer glückliche Augenblicke, die mich für viele Widrigkeiten in meinem Beruf entschädigen konnten.

In wenigen Wochen war Weihnachten. Auf dem Danner-Hof wurde es ein glückliches Fest mit den zwei gesunden Kindern, die das Schicksal dem Ehepaar nach Jahren des Hoffens und Wartens zugedacht hatte. Alle waren unendlich dankbar und erfreut über diese gute Wende des Schicksals.

Mathilde kam in die Jahre, die den Kindersegen einzuschränken begannen, doch sie hatte ihre Pflicht als Mutter erfüllt, sie konnte vor den Leuten beim sonntäglichen Kirchgang bestehen. Aber wie es schien, holte das Schicksal nach, was es lange versäumt hatte. Die Dannerin erwartete in ihren späten Jahren noch einmal ein Kind.

In einer Silvester-Nacht stapfte ich wieder die Höhe hinauf, um einem weiteren Kind zum Leben zu verhelfen. Wegen des heftigen Schneegestöbers nahm ich die letzte Höhe zu Fuß, um durch die schlechte Sicht nicht vom Weg abzukommen.

Auf dem Hof angelangt, wurde ich in eine behagliche, warme Stube geführt. Nicht überall gab es diese Annehmlichkeit, dass die erstarrten Hände in Kürze wieder warm werden konnten und damit schnell einsatzbereit waren.

»Wer hätte das gedacht, dass du noch einmal zu mir kommen musst«, rief mir die Dannerin schon bei meinem Eintritt in die Stube zu.

»Wenn des ein Bub ist«, plapperte sie aufgeregt weiter, »dann stehen wir vor der Frage: Wer wird der Hoferbe? Muss der Peppi dann zurückstehen, obwohl er unseren Namen hat?«

Im Falle eines weiteren Buben hätten sicher Streitigkeiten um die männliche Erbfolge entstehen können.

»Das wird sich mit Sicherheit regeln lassen«, beruhigte ich die Bäuerin. »Wer weiß, wie die Kinder sich einmal entscheiden werden?«

Doch die Sorge der Dannerin um die Erbfolge wurde gegenstandslos, denn dieser Bub, der soeben geboren wurde, hatte sein Wachstum im Mutterleib frühzeitig beendet und kam als winziges Wesen tot zur Welt. Aus unerfindlichen Gründen war er vermutlich schon vor längerer Zeit – ohne das Tageslicht je gesehen zu haben – verstorben. Ein seltsames, unverständliches Geschick, das sich nicht klären ließ.

Es war für mich immer eine belastende Aufgabe, den Eltern den Tod ihres Kindes mitzuteilen, vor allem aber einen Tod, für den ich keine Gründe angeben konnte.

So begann das neue Jahr auf dem Danner-Hof mit der Trauer um das tot geborene Baby. Die Anwesenheit der beiden älteren Kinder aber tröstete die Eltern über den Verlust hinweg.

Wegen der tragischen Ereignisse auf diesem stattlichen Vierfirsthof möchte ich meinen Lesern den weiteren Lebensweg der beiden Kinder Peppi und Christine nicht vorenthalten.

Mutter Mathilde glaubte zunächst, ihr inniges Verhältnis zu Peppi nicht teilen zu können. Doch schöpfte sie aus ihrem übervollen Herzen so viel Liebe, dass diese für beide Kinder reichte und keines benachteiligt wurde. Wenn ich Mathilde darauf ansprach, gab sie mir zur Antwort: »In meiner Freude mit dem Buben habe ich längst vergessen, dass Peppi nicht mein eigenes Kind ist. Heute mache ich keinen Unterschied mehr zwischen den Kindern. Sie sind mir beide gleich lieb und teuer.«

Peppi und Christine wuchsen als gleichwertige Geschwister in einem glücklichen Elternhaus heran, das ihnen Werte vermittelt hatte, die sie zu rechtschaffenen Menschen formten. Peppi ist inzwischen der tüchtige, umsichtige Bauer auf dem Danner-Hof geworden. Christine heiratete später ihre große Liebe, die schon im Kindesalter begonnen hatte und in der Schule fortgesetzt wurde, da Ferdinand immer seine schützende Hand über Christine gehalten hatte. Mutter Mathilde sah ihrer Tochter mit Tränen in den Augen nach, als Ferdinand seine junge Frau zu sich auf seinen stattlichen Hof in der Schützenau holte.

Mutter Mathilde ist nach dem Tod ihres Mannes jedoch nicht einsam geblieben. Sie schöpfte Kraft aus dem guten Zusammenhalt mit Peppi, der sie zärtlich umsorgte und ihr auf diese Weise für die ihm entgegengebrachte Liebe dankte. Vor allem aber die Freude, die Liebe und das frohe Lachen ihrer Enkelkinder beglückten die Bäuerin bis an ihr Lebensende.

Der fremde Pfarrer

In einem der Mooshäusl, die jahraus, jahrein mit feuchten Mauern und nassem Untergrund zu kämpfen haben, bei denen Gummistiefel, insbesondere bei länger anhaltendem Regenwetter, zum geschätzten, notwendigen Schuhwerk werden, war ich nicht immer ein gern gesehener Gast.

Es war Winter, ein Tag vor Heiligabend, als ich wieder einmal dorthin gerufen wurde. Der Wunsch der Eltern nach einem Mädchen sollte sich heute, nach fünf Buben, hoffentlich erfüllen.

Schön und breit hatte der Hintermoser die Zufahrt zu seinem Anwesen ausgeschaufelt, denn trotz der Schneemassen hatte er es sich nicht nehmen lassen, eine gute Fahrbahn zu schaffen. Über mein Lob für seine gute Arbeit war der Hintermoser stolz und sichtlich erfreut.

»Hoffentlich bringst uns dieses Mal ein Dirndl«, bemerkte er, als ich ans Bett der Gebärenden trat.

»Aber jetzt hilft das Beten auch nimmer, jetzt ist es allerweil schon zu spät.«

Doch meinen Auftrag konnte ich leider nicht zur Zufriedenheit des Hintermosers und seiner Traudl ausführen. Es war wieder ein Bub, zwar kerngesund und quicklebendig, aber eben ein Bub statt dem ersehnten Mädchen.

»Sei net bös, Vater«, hörte ich die Traudl ihren Ehemann beschwichtigen. »Es ist halt wieder kein Dirndl.«

»Hm, wieder net«, erwiderte der Vater ziemlich enttäuscht. »Jetzt wär's aber schon Zeit worden, nach fünf Buben. Bei uns mag einfach kein Dirndl net kommen, ums Verrecken net.« Ein harter Ausdruck, wenn man die Mentalität dieser Leute nicht kannte.

Das Ehepaar hatte sich bald wieder so weit beruhigt, dass Weihnachten in häuslichem Frieden gefeiert werden konnte. Die Taufe fand am Stephani-Tag, dem zweiten Weihnachtsfeiertag, statt. Zu Ehren dieses Heiligen sollte der Bub Stephan heißen, entschied der Vater, womit einschließlich der Patin alle einverstanden waren. Hinzu kam, dass dies ein Feiertag war, sodass an Arbeit nichts versäumt wurde.

Stephans Taufe ging mit Frost und Kälte einher. In Erwartung eines weihnachtlich friedvollen Tages bereiteten sich die Menschen auf den Kirchgang vor. Niemand ahnte, dass schon bald großer Ärger bevorstand.

Alles war so weit vorbereitet, nur die Taufkerze fehlte noch.

»Michl«, befahl der Vater, »frag die Mutter, wo die Taufkerze ist.«

Diese vermutete, dass die Kerze in der unteren Schublade der Kommode wäre. Hier fand Michl zwar allerhand Krempel, die Taufkerze aber nicht.

Also wurden weitere Schubläden und Schränke durchsucht und auf den Kopf gestellt, die Taufkerze aber blieb unauffindbar.

Der Hintermoser tobte und schimpfte mit seinen Buben, dieser Rasselbande, denn wer sonst wäre schuld an dem Malheur. »Weil ihr keine Ordnung net kennt und die Kerze verschlampt habt, ihr Saubande!«, schimpfte er.

Zusätzlich prophezeite er jedem eine Watschen, wenn sich dieses absolut notwendige Stück nicht sogleich finden ließe. Eine Strafe, die oft angekündigt, aber nie ausgeführt wurde, sodass sie ihre Wirkung auf die Buben verloren hatte.

»Die Kerze muss her, weil ohne die kann's keine Taufe net geben.«

Ich versuchte, seinen Zorn zu dämpfen, als ich meinte: »Im schlimmsten Fall wird uns der Messner ja auch eine Kerze leihen können, wenn sie auch net geschmückt und verziert ist. Wenn dann einmal das Dirndl kommt, kaufst halt a neue.«

Der Hintermoser kratzte sich am Kopf und seufzte: »A Dirndl, ja des wär recht.«

Da wurde mir mit einem Mal bewusst, dass wir bei der letzten Taufe vor eineinhalb Jahren die Kerze nicht mit nach Hause gebracht hatten, weil der Pate sie in seiner Sorge, dass sie beschädigt oder gar abgebrochen werden könnte, was ja in der Vorstellung der Leute den Tod des Kindes bedeutet, an sich nahm. Ja, natürlich, im Goggomobil des Paten müsste sie zu finden sein, auf der hinteren Ablage, die, da sie etwas tiefer lag, den darin verstauten Inhalt nicht sichtbar machte.

»Ja, dann ist ja die Kerze heut noch im Goggo drin«, rief der Hintermoser erfreut aus.

Michl, nachdem er vorher schon zum Suchen verurteilt worden war, bekam jetzt den Auftrag, im Goggomobil des Paten in Obermosen fündig zu werden.

»Gott sei Dank«, sagte man, und der Taufe stand nun nichts mehr im Wege, denn eine ausgeliehene Kerze vom Messner, das wollte man nicht so recht, selbst wenn das Taufkind in seinem Geschlecht nicht dem Wunsch der Eltern entsprach.

Endlich kam der Michl mit blau verfrorenem Gesicht und klammen Händen, aber ohne den erwarteten Fund.

»Ich glaub, der hat keine Kerze net«, flüsterte ahnungsvoll der Vater, als er Michl auf das Haus zugehen sah.

»Im Auto vom Göd ist keine Kerze«, berichtete der Michl, »bloß a Schnürl«.

Das finstere Gesicht des Vaters sprach Bände.

»Was für ein Schnürl?«, fragte er ungeduldig.

»Na, da, wo die Kerze war, da ist bloß noch a Schnürl gelegen.«

Aus seiner Hosentasche zog er den Docht der einstmals schönen Taufkerze, welche die hochsommerliche Hitze im Kleinwagen nicht überstanden hatte und mitsamt ihrer Schönheit in den Fugen des Goggomobils verschwunden war. Nur den Docht, das Schnürl, war als Rest geblieben. Ein bedauerlicher Vorfall.

Um die angesagte Taufe nicht platzen zu lassen, begnügte man sich in der Kirche mit einer schon halb abgebrannten dünnen Kerze, die der Messner auf meine Anfrage hin einem der Buben in die Hand drückte und ihn anherrschte: »Gerade halten!«

»Schön ist die net!«, protestierte der Bub.

»Besser wie nix, und jetzt gib amal a Ruh!«, sprach der Vater sein Machtwort.

Der Messner hatte inzwischen die letzten Vorbereitungen zur Feier dieser Taufe getroffen und wandte sich nun an den Hintermoser, um ihn auf eine Besonderheit des bevorstehenden Zeremoniells aufmerksam zu machen.

»Der Herr Pfarrer kommt heut net, stattdessen ist a fremder Geistlicher da, der aus der Batschka, oder wie des heißt, kommt. Er tut sich halt noch ein wenig schwer mit unserer Sprache. Es ist bloß, damit du Bescheid weißt.«

Nun warteten wir auf die angekündigte Veränderung, die sich bei der Taufe durch den fremden Geistlichen ergeben würde.

»Ausgerechnet heut ist unser Pfarrer net da, des passt mir gar net«, schimpfte der verärgerte Kindsvater.

Dann kam aus der Sakristeitür der angekündigte fremde Geistliche, der den allseits beliebten Ortspfarrer vertreten, aber sicherlich nicht ersetzen konnte. Der Missmut über die Abwesenheit »ihres Pfarrers« war unter den Taufgästen förmlich zu spüren.

Die Feier begann mit einer längeren Ansprache, in der uns der heilige Stephanus als Namenspatron des Täuflings näher gebracht werden sollte. Etwas entsetzt hörten wir dabei die Worte des Pfarrers: »Der heilige Stephanus ist gewäsen ein heiliges Mensch. Mit Spießen und Pfeilen wurde geschossen auf seines heilige Wampe.«

Die Predigt wurde in dieser absurden Sprache fortgesetzt, wobei die Gäste geschockt in ihren Bänken saßen und auf das Ende der Ansprache warteten, die der Pfarrer dann mit den Worten: »Heiliger Stephanus, sein der Patron des Namens dieses Kindes«, schloss.

Es war schrecklich! Was ich damals noch nicht wusste, war die Tatsache, dass der Geistliche aus der Batschka – der Heimat der Donauschwaben – kam und hier dieses ganz eigene Deutsch fortgelebt hatte.

Aber es ging noch weiter mit den Peinlichkeiten. Das Taufwasser, welches über den Kopf des Kindes fließen sollte, verteilte sich auf dem Arm der Patin, auf dem Taufkissen, auf dem Fußboden. Insbesondere der Messner registrierte diese Unachtsamkeiten mit Missmut.

Zum Abschluss dieser äußerst ungewöhnlichen Taufe gab der Geistliche der Gemeinde seinen Segen mit auf den Weg: »Der Sägen Gottes über euch kommen möge. Im Namen …« Dabei tauchte er den Weihwasserwedel in den dafür bestimmten Kessel und besprengte uns, mit dem Arm weit ausholend, um Gottes Schutz in besonderer Weise auf uns herabzurufen. Er schwenkte den vollen Wedel allerdings so stark, dass wir uns mit dem Taschentuch den überreichen Segen von Gesicht und Händen wischen mussten. Vom Hut der Patin fielen die letzten Tropfen auf das Taufkissen, die draußen in der Kälte zu Eis froren.

So hinterließ dieser Pfarrer mit seiner ganz sonderbar anmutenden Sprache bei uns Erwachsenen einen nachhaltigen Eindruck. Doch die Kinder waren begeistert von diesem Gottesmann, der lächelnd auf jeden der Buben zuging, ihnen das Kreuz auf die Stirne zeichnete und sachte über die Wangen strich. Ein christlicher Brauch das eine, eine menschenfreundliche Geste das andere. Und die Kinder erfuhren dabei auch ein klein wenig Zuwendung, die sie umso mehr schätzten, weil sie Seltenheitswert hatte.

Hoch begeistert verließen sie also das Gotteshaus und berichteten ihrer Mama: »A schöne Tauf war des.«

Bald nach Stephans Taufe betreute der eigentliche Pfarrer wieder die Schäflein seiner Kirchengemeinde, und da der Hintermoser von der Rechtmäßigkeit der Taufe seines Sohnes nicht überzeugt war, meldete er sich schon bald beim Pfarrer, um ihm seine Zweifel kundzutun und ihn um die Wiederholung der Taufe zu bitten – damit alles seine Richtigkeit habe.

Erstaunt war der Hintermoser allerdings, als der Herr Pfarrer erklärte: »Dein Stephan hat seine Taufe bekommen. Sie ist rechtskräftig im Kirchenbuch eingetragen, und damit ist sie auch im Himmel registriert.«

Noch schwerer war es für den Hintermoser zu begreifen, dass der Herr Pfarrer ihn mit den Worten wegschickte: »Mach dir keine Sorgen, Hintermoser, des hat alles seine Ordnung, und deiner Bäuerin sagst, dass ich ihr Glück wünsch und dir natürlich auch.«

Der arme Hintermoser verstand die Welt nicht mehr. Eine solche Taufe soll Gültigkeit haben?

»Na ja, wenn der Herr Pfarrer des meint … Aber seltsam ist des schon.«

Mehrere Winter kamen und gingen. An einem goldenen Herbsttag, der auch den Mooswiesen eine gewisse Schönheit verlieh, ging ich wieder den Weg hinaus zu den Mooshäusln. Nach sechs Buben kam beim Hintermoser als siebtes Kind das lang ersehnte Mädchen zur Welt.

Mir war es, als hätte die Mutter dieses Mal glänzendere Augen und ein glücklicheres Gesicht, als sie mit Stolz verkündete: »Vater, a Dirndl haben wir.«

Der Ortspfarrer vollzog nach den üblichen Regeln und in verständlichen Worten die Taufe dieses Wunschkindes. Stolz trug Michl die neue, blumengeschmückte Kerze, auf der der Name »Elisabeth« in goldenen Buchstaben prangte, zur Kirche.

In der Freude über das kleine Mädchen hatte man die letzte Taufe, die der fremde Pfarrer mit all seinen Eigenheiten abgehalten hatte, längst vergessen. Elisabeths prächtige Kerze kam nach ihrer Taufe in Hintermosen nicht mehr zum Einsatz, denn der Vater hatte gehalten, was er mir einst vertrauensvoll zugeflüstert hatte: »So lang, bis a Dirndl kommt!«

Eine geheime Schwangerschaft

Zu der Zeit, aus der meine Geschichte stammt, hatten Sitte und Moral noch einen hohen Stellenwert. Dass verlobte oder befreundete Paare in einer gemeinsamen Wohnung lebten, hörte man selten. Das entsprach nicht den herkömmlichen Gepflogenheiten, man hätte sich damit abseits gestellt und sich dem Gerede der Leute ausgesetzt.

Dann fingen die Moralbegriffe plötzlich zu bröckeln an, immer mehr Freiheiten gab es zu beobachten, worüber sich besonders ältere Leute wunderten, fassungslos den Kopf schüttelten und den Sittenverfall als den Anfang des Weltuntergangs prophezeiten. Über die hohe Zahl der unehelichen Kinder aus der eigenen sittenstrengen Vergangenheit sprach man dabei nicht. Die Welt aber hatte sich verändert, und insbesondere, was Sitte und Moral anging, gab es nun andere Vorstellungen.

Das nun Folgende ereignete sich noch in besagter Zeit der strengen Moralbegriffe. Almut und Gottfried lebten als Verlobte in einer gemeinsamen Wohnung, und nun sollte aus dieser Verbindung ein Kind geboren werden, das für erheblichen Wirbel sorgte, weil es unter strenger Geheimhaltung von Schwangerschaft und Geburt zur Welt kommen sollte.

Eine männliche Stimme meldete sich am Telefon und erbat dringend meine Hilfe. Eine Adresse wurde genannt, der dazugehörige Personenname war mir unbekannt.

Es schien Eile angesagt, und ich machte mich so schnell wie möglich per Fahrrad auf den Weg. Ein junger Mann mit guten Manieren kam mir schon vor der Haustür entgegen, der in seiner Angst nicht nur mich, sondern gleichzeitig den Arzt gerufen hatte – für alle Fälle sozusagen und weil er den Vorgängen, die sich mit der Geburt eines Kindes ergeben, alleine nicht gewachsen wäre.

Ich war jedoch zu spät gekommen. Almut, die ich schon als Kind kannte, hatte ein Mädchen geboren, über dessen Existenz ich zu besonderem Stillschweigen verpflichtet wurde. Während Gottfried, ihr Verlobter, kopflos umherrannte, hatte sie ohne Hilfe ihr Kind zur Welt gebracht.

Die junge Frau kam aus einem guten, angesehenen Elternhaus, und da war man verständlicherweise empört, dass sich die einzige Tochter den herkömmlichen Regeln widersetzte und schon vor der Hochzeit eine gemeinsame Wohnung mit ihrem Verlobten bezog, womit sie ganz offenkundig zeigte, dass sie ihren eigenen Weg gehen wollte. Dass sie ein Kind erwartete, verschwieg sie sowohl ihren Eltern als auch ihren Kolleginnen im Amt, deren Vorgesetzte sie war.

Das Baby, ein kleines Mädchen, das ich nun in meine Hände nahm, war viel zu früh geboren, Körpergewicht und Größe lagen weit unter den normalen Werten. Es hatte wenig Chancen, am Leben zu bleiben.

Der hinzugekommene Arzt glaubte, das Weiterleben dieses Kindes sichern zu können, wenn er es in ein Kinderkrankenhaus einweisen würde.

Almut nahm also ihr Kind ein letztes Mal in die Arme, Gottfried streichelte das dunkle, nasse Köpfchen und weinte, während die Mutter stumm und tränenlos dem winzigen Bündel nachsah, als es aus der Wohnung getragen wurde.

Tags darauf hatte sich Almut wieder so weit gefangen, dass sie sich um das Leben ihres Kindes sorgen konnte, doch Gottfried, der Vater, schien mir verstört und traurig, während er seiner täglichen Arbeit mechanisch nachging.

Einen Tag und eine Nacht lag das Neugeborene unter Sauerstoff, dann war sein kurzer Lebensweg schon beendet.

Doch trotz der Trauer musste die Normalität des Alltags bereits nach kurzer Zeit wieder aufgenommen werden. Von größter Wichtigkeit war es dabei, Almuts Chef, Herrn Arndt, zu verständigen und ihm die angebliche Krankheit seiner Mitarbeiterin zu erklären.

»Wollen Sie das für mich tun?«, fragte mich Almut bittend. »Er weiß nichts von den Vorgängen, ich konnte meine Schwangerschaft geheim halten. Und sagen Sie ihm bitte, dass auch meine Kolleginnen auf keinen Fall von diesen Geschehnissen erfahren dürfen. Es muss geheim bleiben, unter allen Umständen.«

Sie sprach diese Worte mit einer ungewöhnlichen Bestimmtheit und Eindringlichkeit, als ginge es um Leib und Leben. Ein wenig irritiert hörte ich zu und dachte, dies wäre sicher nur eine überzogene Laune, die im Wochenbett gelegentlich vorkommen kann, eine Gemütsbewegung, die man nicht so ernst nehmen dürfe.

Deshalb versuchte ich sie zu ermuntern: »Sie machen sich unnötig Sorgen. Diese Vorgänge sind ganz allein Ihre private Angelegenheit, und Sie brauchen niemandem Rechenschaft darüber abzulegen. Aber warum möchten Sie Ihr Kind eigentlich verschweigen?«

»Es ist mir peinlich«, war ihr knappe Antwort.

Diese Peinlichkeit aber verstand ich nicht so recht, es wussten doch ohnehin alle vom Zusammenleben dieser beiden jungen Menschen. Was wäre, wenn das Kind gelebt hätte, wenn es sein Recht auf Wohnung, Nahrung, auf Liebe und Zuwendung von seinen Eltern gefordert hätte? Diese Tatsache hätte Almut nicht verschweigen können. Wären dann ein Heim oder eine Adoption die einzig denkbaren Alternativen für sie gewesen? Ein absurder Gedanke, der zu den beiden jungen, rechtschaffenen Leuten ganz und gar nicht passte.

So machte ich mich auf den Weg zu diesem Herrn Arndt, um anschließend auf dem Standesamt die Geburtenmeldung vorzunehmen.

Ein ungläubiger, erstaunter Blick traf mich, als ich ihm die Krankmeldung übergab und zugleich die Bitte vortrug, die Angelegenheit für sich zu behalten. Nicht die Neuigkeit war es, die ihn in Staunen versetzte, vielmehr Almuts Naivität, dass sie tatsächlich glaubte, sie hätte das Kunststück »Geheimhaltung« zu Stande gebracht.

»Das ist unter den Kolleginnen längst bekannt und ausgiebig diskutiert worden«, belehrte mich Herr Arndt.

»Frau Hornik«, so sprach er weiter, »soll sich darüber keine Sorgen machen. Bei so vielen Frauen im Kollegium, da ist es so gut wie unmöglich, eine Schwangerschaft geheim zu halten. Die Augen ihrer Kolleginnen waren längst auf sie gerichtet. Aber bitte sagen Sie ihr auch, dass deswegen die Welt nicht untergeht.«

Es waren also unnötige Sorgen, die Almut belastet hatten.

Mir persönlich machte es jedoch größere Sorgen, dass nach einigen Tagen immer noch nicht zu erkennen war, wie diese junge Mutter den Tod ihres Kindes aufgenommen hatte. Sie schwieg dazu. Weigerte sich, überhaupt darüber nachzudenken.

Über die Nachricht ihres Vorgesetzten hingegen war

sie geschockt. Leise vor sich hin weinend flüsterte sie immer wieder: »Von niemandem habe ich etwas über das Gerede erfahren, kein einziges Wort ist mir zu Ohren gekommen.«

Doch Blicke sagen oft mehr als Worte, daran hatte Almut nicht gedacht.

Nur Gottfried, den Vater des Kindes, interessierte das Gerede der Leute nicht. Er trauerte um sein Baby, das er nur kurz gesehen, aber dessen Schrei er gehört hatte, und der ihn, wie er sagte, »nicht mehr loslässt«, ihn überall hin verfolgte.

Dann geschah Unvorhergesehenes. An einem Vormittag, als ich mit der üblichen Nachsorge im Wochenbett beschäftigt war und Almut mir gegenüber endlich ein wenig offener und gesprächsbereiter schien, kam unerwarteter Besuch. Die Eltern Almuts standen vor der Tür. Sie hatten, weiß Gott wie und von wem, von der Geburt ihres Enkelkindes erfahren.

Ich wollte mich verabschieden, um Eltern und Tochter allein zu lassen – es gab für sie schließlich vieles zu besprechen. Doch Almut bat mich flehentlich, dabei zu sein, wenn das Strafgericht über sie hereinbräche.

Wider Erwarten kam es aber zu einer guten und friedlichen Aussprache.

»Darf ich mein Enkelkind in den Arm nehmen?«, war die erste Frage der Großmutter, die von dem Tod des Kindes noch nichts wusste.

»Es ist tot, Mama«, hörte ich Almut weinend zu ihrer Mutter sagen, und der Großvater wischte sich bei diesen Worten eine Träne aus den Augen. Sichtlich zusammengesackt saß er auf seinem Stuhl, um eine Hoffnung ärmer geworden.

Diese beiden älteren Leute taten mir unendlich Leid. Sie suchten um des Enkelkindes willen Versöhnung mit ihrer Tochter und waren sogar bereit, deren Verhalten zu tolerieren, obwohl es nicht ihrem moralisch-christlichen Empfinden entsprach. Sie versuchten, das Geschehene zu akzeptieren, und Almuts Vater hatte schließlich mit Wehmut in der Stimme zu seiner Frau gesagt: »Wir müssen die Dinge annehmen, wie sie sind. Die Welt ist anders geworden, und wir können daran nichts ändern.«

Almut und Gottfried haben nach diesen Ereignissen bald geheiratet. Damit war auch den moralischen Grundsätzen der Eltern Genüge getan. Glücklich über diese Wendung, hofften sie mit Freude auf ein zweites Enkelkind, das ein besseres Schicksal haben möchte. Doch dieser Wunsch wurde weder Almut und Gottfried noch den Großeltern erfüllt, denn die Ehe blieb zum Leidwesen aller kinderlos.

Der verhinderte Papst

Wenn ich in der Zeitung von Hochzeiten, Geburten und Todesfällen von Menschen, die ich kannte und die mir in besonderer Erinnerung geblieben sind, lese, werde ich immer nachdenklich.

»Thaddäus Hierlinger feiert mit Dorothea Anfelder Hochzeit«, erfuhr ich aus den Lokalnachrichten. Beide gehörten zu »meinen Kindern«, denen ich einmal zum Leben verholfen hatte. Nun würden sie selbst bald Eltern werden, obwohl es mir so vorkam, als wäre es erst gestern gewesen, dass ich sie als Neugeborene in den Händen hielt.

Thaddäus, der Bräutigam, ist mir in besonderer Erinnerung geblieben, weil er, ein Lausbub wie er im Buche steht, meine Nerven ungewöhnlich strapaziert hatte. Unter sieben Geschwistern war Theo, wie er der Einfachheit halber genannt wurde, der Älteste. Mich konnte der Bub nicht ausstehen, weil ich – ohne ihn zu fragen – immer wieder ein neues Kind ins Haus brachte. Ausreichend Grund also, mich unsympathisch zu finden.

Der Junge war eine ausgesprochene Nervensäge. Bei der Wochenbettpflege seiner Mutter verstand er es stets, mir in besonderer Weise das Leben schwer zu machen. Er kam dabei auf die unmöglichsten Ideen, die er dann sehr durchdacht und überlegt ausführte.

»Du bist ein grobes Weib, hat die Nachbarin, die Kathl, gesagt«, empfing er mich beispielsweise bei meiner Ankunft.

»Warum bist schon wieder gekommen mit einem neuen Kind – dich mag ich net«, gab er mir sehr bestimmt zu verstehen.

Doch der Bub hatte noch andere Gründe, mich nicht zu mögen, denn ich verwies ihn des Öfteren in seine Schranken und setzte seinem Tatendrang Grenzen.

Einmal konnte ich beobachten, wie er im Hühnerstall die Tiere bis zur Erschöpfung jagte und dann in ihrer Hinterlassenschaft stampfend und schreiend herumhüpfte – und das zu allem Überfluss auch noch barfuß.

Leider übersah ich, dass er sich anschließend in die Stube schlich und auf das frisch bezogene Bett der Wöchnerin sprang. Erst zu spät bemerkte ich, was Theo angerichtet hatte, und starrte entsetzt auf die unappetitlichen Spuren, die er auf dem Federbett hinterlassen hatte.

Schadenfroh grinsend sah er mich an und glaubte zur Entschuldigung sagen zu müssen: »Ist ja bloß a Hühnerdreck.«

Farbkübel, Milchtöpfe, Gießkannen waren weitere Objekte seines Übermutes. Aber auch vor der vollen Badewanne des Babys machte er keinen Halt. Ein Fußtritt, und das vorbereitete Badewasser ergoss sich in die Stube, während Theo das Weite suchte.

Dieses Mal jedoch hatte er gründlich Pech, weil sein Vater zu gleicher Zeit zur Tür hereinkam, als Theo hinaus wollte. Eine handfeste Strafe blieb nicht aus.

Doch eines Tages war sein Tatendrang erheblich gebremst.

»Der Theo ist heut krank, der hat Halsweh. Magst net in seinen Hals reinschauen, wie weit es fehlt?«, bat mich Barbara, seine Mutter.

Die Ursache der Halsschmerzen zu erfahren, scheiterte allerdings an Theos Widerstand.

»Nein, ich mag net«, krächzte er.

Hätte ich hexen können, so wäre es mir vielleicht möglich gewesen, Theo in den Hals zu sehen. Nur dem Vater als absoluter Respektsperson gelang schließlich das Unmögliche mit dem kurzen, aber unmissverständlichen Befehl: »Mach das Maul auf!«

Eine vorerst noch harmlose Halsentzündung konnte mit Salbeitee und Gurgeln abgeheilt werden, und schon bald war der Junge wieder zu seinen vorwitzigen Streichen aufgelegt.

Doch hin und wieder gelang es mir, seinen Übermut zu bremsen. Dann drohte er mir: »Wenn ich einmal Papst bin, dann zeig ich dir's aber, und ich werd Papst, ob du's glaubst oder net.«

Mutter Barbara meinte dazu: »Ein solcher Papst wie du, des wär a Grund zum Kirchenaustritt.«

Bis ins Erwachsenenalter hinein blieb Theo ein wildes und ungestümes Kind. Er setzte sich bei seinen Streichen den verschiedensten Gefahren aus, und es ist mir bis heute ein Rätsel, dass er dabei keinen größeren Schaden davongetragen hat. Seine Eltern dagegen hatten mit ihrem kaum zu bändigenden Sohn noch so einiges an Angst und Sorgen auszustehen.

Seine kindlichen Worte hatte Theo jedoch nicht wahr gemacht. Ob seine feste Absicht, einmal Papst zu werden, an Dorothea gescheitert ist, oder ob es dafür andere Gründe gab, konnte ich allerdings nicht mehr erfahren. Die Ehe, so erfuhr ich viel später von seinen Eltern, ist glücklich geworden. Denn Theo war zu einem liebevollen und verantwortungsbewussten Ehemann herangereift, der sich schon in seiner Kindheit und Jugend zur Genüge ausgetobt hatte.

Von liebenden Müttern

Häufig denke ich an meine Zeit als Landhebamme zurück, an Begebenheiten in Häusern, Bauernhöfen, Wohnungen und Austragshäusln, in denen ich vielen Kindern zum Leben verholfen habe.

Nie vergessen werde ich die Mütter, die in der Schwere der Nachkriegszeit ihre Kinder geboren und großgezogen haben, und dies unter Bedingungen, die man sich heute gar nicht mehr vorstellen kann.

Ich erlebte Ehepaare, die sich gegenseitig gestützt und die in lebenslanger Treue sowohl Freud als auch Leid miteinander geteilt haben, wobei sie für ihre Kinder und deren späteres Leben zum besten Vorbild wurden.

Vor allem aber denke ich häufig an Mütter zurück, die sich meinem Gedächtnis auf Grund besonderer Umstände und Erlebnisse eingeprägt haben.

In solch besonderer Erinnerung ist mir dabei der Dreiseithof vom Huber am Holz geblieben, in dem zehn Kinder, sechs Buben und vier Mädchen, geboren wurden, welche die Huberin neben ihrer Arbeit als Bäuerin großgezogen hatte.

Mit strahlenden Augen erzählte die Huber-Bäuerin mir bei jeder unserer Begegnungen von dem beruflichen Werdegang ihrer Kinder, die alle ihren geraden Weg im Leben gingen, in guten Positionen standen und in ihren Berufen schon viel erreicht hatten.

Durch diese Gespräche waren mir auch ihre Enkel bekannt, über deren körperliches und geistiges Wohlbefinden die Huberin mich immer auf dem Laufenden hielt.

Stolz und zufrieden ist diese Mutter mit ihren Söhnen, Töchtern und Enkeln, und diese Zufriedenheit spiegelte sich auch in ihrem Gesicht wider.

»Haben's die jungen Frauen heut schön«, bemerkte sie einmal nebenbei, »bei uns damals hat's noch keine Pampers geben, und wenn zwei oder drei Kinder noch gleichzeitig die Windeln gebraucht haben, da hat sich jeden Tag a Haufen Wäsche angesammelt, die man dann auf der Waschbank hat ausbürsten müssen, denn a Waschmaschine gab's ja damals net. Des war a Arbeit! Und die Baby-Nahrung, die hat man auch net kennt. Die hat's damals noch net geben. Aber selbst wenn es sie geben hätt, dann wär sie net zu bezahlen gewesen.«

Die Huberin strich sich dabei immer wieder durch das Haar, das schon von weißen Fäden durchzogen war.

So, als müsste sie die Zeit noch einmal zurückdrehen, fuhr sie nach kurzem Überlegen fort: »Zehn Kinder am Samstag in der Kuchl baden, da hab ich mehr geschwitzt als bei der Ernte. Des kannst glauben!«

Ich weiß um die harten Umstände, unter denen die Menschen früher ihr Leben zu meistern hatten, und was in der alten Zeit zehn Kinder einer Mutter abverlangten. Es war aber auch eine gute Zeit, mit einer friedlicheren Gesinnung, in der die Menschen noch mehr Herz und Gemüt zeigten.

Die Huberin am Holz ist eine innerlich zufriedene Mutter und Großmutter. Sie strahlt eine Gelassenheit aus, die von innen heraus kommt. Durch ihre lange und große Lebenserfahrung ist sie ihren Kindern eine wichtige Stütze und Hilfe geworden. Ihr Rat ist weise, und er wird von allen ihren Kindern geschätzt und gerne angenommen. Die Freude und das Glück ihres Lebens steht in ihrem Gesicht geschrieben und ist aus ihren Worten zu erkennen. Wenn sie an Festtagen ihre große Familie um sich versammelt, ist sie stets der Mittelpunkt. Der Tod ihres Ehemannes, sagte sie mir, »war ein schlimmes Erlebnis, an dem ich schwer getragen habe«. Doch die Erinnerung an ihre überaus glückliche Ehe, die von Liebe, Verantwortung und absoluter Treue getragen wurde, ist für sie Glück und für ihre Kinder das schönste Beispiel eines erfüllten Lebens.

Und möchte ich mein Buch nicht schließen, ohne auch an jene starken Frauen und Mütter zu denken, die ihren Kindern aus vollem Herzen Liebe und Geborgenheit gaben, die ihnen in allen Schwierigkeiten des Lebens Verständnis entgegenbrachten, ihnen Stütze und Halt waren. Frauen, die auf Grund ihrer seelischen Größe zur tragenden Säule und zum ruhenden Pol der Familie geworden sind.